내가
산꼭대기에
빵집을
차린 이유

Yama No Ue No Panya Ni Hito Ga Atsumaru Wake
Hirata Haruka All rights reserved.
Originally published in Japan by Cybozu, Inc.,
Korean translation rights arranged with
KANKI PUBLISHING INC., through Shinwon Agency Co., Ltd

세상의 보통을 거부하고 자신만의 방식을 찾아가는 여정

내가 산꼭대기에  뺑집을 차린 이유

히라타 하루카 지음 | **김중현** 옮김

지식노마드

많은 사람이 이곳에 올 이유를 만들려고
여기에 가게를 열기로 했습니다.

추천사

대단한 이야기가 하나도 나오지 않는, 그래서 더 대단한 책

책을 다 읽고 곧바로 출판사 사장님께 감사 전화를 드렸습니다. 어떻게 이렇게나 좋은 책을 한국에 가져오게 되셨냐고, 솔직히 질투가 날 정도로 좋은 책이라고 읽은 소감을 말씀드렸습니다.

정말 그렇습니다. 한 일반인이 우여곡절을 겪다가 빵집을 창업해 20여 년 가까운 세월을 거쳐 어엿한 기업, 근사한 브랜드로 키워낸 이야기는 어쩌면 세상 수많은 성공 스토리 중 하나처럼 여겨질지 모르지만, 이 책에 담긴 빵집 '와자와자'와 창업주의 이야기는 그보다 더 큰 가치와 공부를 담고 있습니다.

20여 년간 크고 작은 회사의 컨설팅을 해왔고, 지난 7년간 수천 명의 중소사업자 분들께 마케팅과 브랜딩, 경영을 가르치는 일을 해왔습니다. 그중 가장 힘든 것은 '당연히 생각해야 하는 것들'을 중요하게 인식시키는 것이었습니다.

예를 들어 이 책에서도 담담하게 풀어내고 있는 '어디에서 팔 것인가, 무엇을 팔 것인가, 누구에게 팔 것인가?'와 같은 질문에 대한 생각의 중요성이죠.

인플레이션 시대를 살아가며 점점 많은 사람이 창업을 합니다. 그리고 그중 상당수가 얼마 못 버티고 폐업을 합니다. 가장 큰 이유는 사장이 해야 하는 생각의 방향과 내용을 몰라서, 사업의 본질을 몰라서라고 저는 생각합니다. 우리 사회의 교육 과정은 그런 공부를 교과서에 담고 있지 않기 때문입니다.

그래서 많은 자영업자가 창업을 한 후 공부를 하지만 광고 기술이나 특정의 노하우 외에 꼭 생각하고 적용해야 할 기본기를 탄탄하게 익히기는 어렵습니다.

이와 같은 어려움 가운데 이런 책의 등장이라니…. 조용히, 하지만 귀에 쏙쏙 박히는 어투로 들려주는 이야기처럼 맘 편하게 읽을 수 있으면서 그 내용은 웬만한 마케팅, 브랜딩, 경영 서적보다 그 현실적 쓰임새가 훨씬 낫다고 생각합니다. 제가 만약 보증서를 쓸 수 있다면 그 어떤 독자도 이 책을 읽고 후회하지 않을 것이라 보증하고 싶습니다.

한동안, 아니 오랫동안 제가 만나는 모든 자영업자에게 이 책을 추천하거나 선물하게 될 것 같습니다. 정말 그러려고 합니다.

지금 창업을 앞두고 있거나 사업 운영에 남모를 속앓이를 하고 있거나 더 나은 미래를 만들기 위해 고뇌하는 모든 사장님께 한 권의 살아 있는 교과서로 추천드립니다.

박종윤

(《내 운명은 고객이 결정한다》 저자, 세리디파이브 서울앵무새 대표, 티그리스트리거 대표이사, 사일런트서비스 이사, 인스타 @aigis0927)

프롤로그

평범한 일상을 위한 사려 깊은 빵집

나가노현 토우미시 미마키하라. 남쪽으로 야츠가타케, 서쪽으로 북알프스, 북쪽으로 아사마 연산, 동쪽으로 오쿠치치부산맥이 펼쳐지는 지역입니다. 한마디로 파노라마가 펼쳐지는 곳입니다.

이 산 위에서 2009년부터 빵집 '와자와자'를 겸한 일용품 가게를 하고 있습니다. 와자와자는 '일부러 와주셔서 감사합니다'라는 의미를 담았습니다.

2019년에 와자와자에서 차로 10분 정도 떨어진 곳에 '토우' 매장을, 2023년에 편의점 형태의 '와자마트'를 열었습니다. 지금은 오프라인 가게 세 곳과 온라인 스토어를 함께 운영하고 있습니다.

한 평범한 가정주부가 혼자서 이동 판매와 집 앞에서 판매를 시작한 와자와자는 2017년에 법인으로 전환했으며, 지금은 매출 3억 엔 규모의 기업으로 성장했습니다.

히라타는 하고 싶은 일이 많아서 좋겠다는 말을 자주 듣습니다. 산 위에서 시작한 작은 빵집이 지금과 같이 성장한 모습을 보고 시골 생활에서 꿈을 이룬 사람으로 생각하나 봅니다. 그렇지 않습니다. 어릴 때부터 늘 주변에 휩쓸리며 선천적으로 귀찮아하는 성격이라 편안하게 살고 싶을 뿐이었습니다.

이 책은 와자와자를 창업하기까지의 과정을 다뤘습니다. 당시 제 모습을 돌아보니 여러모로 부족합니다. 그래서 독자 여러분이 이 책을 끝까지 읽을 수 있도록 프롤로그를 꼭 써야겠다고 마음먹었습니다.

인생의 전반전은 좌절의 연속이었고, 좋은 일이 거의

없었습니다. 친구를 사귀지 못했고, 누구와도 대화를 나누기 힘들었습니다. 조금이라도 의아하거나 위화감을 느낄 때마다 의문점을 꼭 물어보는 아이였습니다. 왜 그런지 알고 싶은 욕구가 매우 강했나 봅니다. 텔레비전 같은 걸 분해해 구조를 확인하곤 했죠. 일상에서 이런 일은 다반사였습니다.

끈질기게 질문하는 아이에게 답을 해주는 어른은 그다지 많지 않습니다. 학교에서도 잘 받아들여지지 않아 원만하게 지내기가 어려웠습니다.

주변 사람들은 저와 이야기를 하면 질문 공세를 받는 기분이었나 봅니다. 점점 귀찮아지는지 대화를 꺼렸습니다. 세상에는 두루뭉술하게 넘어가야 더 좋은 경우가 많아서이겠지요.

빵집은 그런 세상의 '보통'에 적응하지 못했던 제가 유일하게 할 수 있을 만한 일이었습니다.

어떻게 지금에 다다랐는지 한마디로 설명하기는 어렵

습니다. 그래도 항상 솔직하게 살아왔다는 사실은 확실하게 말할 수 있습니다. 마음속에 느끼는 불편함 또는 어색함을 그냥 지나칠 수는 없었으니까요.

부당하다고 느끼는 일에서 도망치고, 없는 사실을 거짓으로 꾸며야 할 일은 정면으로 마주쳤습니다. 그런 것들이 조금씩 쌓여서 지금의 제가, 지금의 와자와자가 있다고 생각합니다. 세상에는 위화감을 느끼게 하는 일이 의외로 참 많습니다.

빵집은 장시간 노동과 적은 이익이 '보통'이고, 손실이 발생하는 일 또한 '보통'이며, 좋은 품질보다 브랜드에 끌리는 것이 '보통'입니다.

와자와자는 일하는 방법과 지출 방식부터 가족 형태, 회사 운영 스타일까지 일상에서 부딪히는 위화감 하나하나에 맞서면서 만들어왔습니다. 산 위의 빵집에 사람들이 모이는 이유는 어쩌면 와자와자의 지나치게 솔직한 태도에 있지 않을까 싶습니다.

장시간 노동이 이상하다고 느끼면 그렇게 하지 않아도 되는 제조법을 궁리하고, 내가 만든 빵이 건강을 해친다고 생각하면 그 빵을 갑자기 만들지 않기도 합니다. 고약한 손님이 오면 블로그에 방문을 자제해달라고 글을 올리기도 합니다.

오늘도 서점에 경영서가 넘쳐나는데, 이 책을 쓰는 의미가 있을까요? 외진 곳에서 사업을 시작해 성공한 사례를 노하우로 다룰 필요가 있을까요? 스스로에게 물어봤더니 없었습니다.

그래서 '마음'을 기록하기로 했습니다. 제 마음이 어떻게 변했는지 가능한 한 진실되게 그려내고 싶습니다. 경험의 진짜 모습에 맞는 단어를 하나하나 골라서 기록한다면 이야기는 다릅니다. 그 이야기는 읽는 사람마다 다르게 다가갈 수 있을 거고, 어쩌면 누군가에겐 도움이 될 수 있지도 모릅니다.

그렇게 믿으며, 이 책을 써 내려갔습니다.

차례

추천사 | 대단한 이야기가 하나도 나오지 않는, 그래서 더 대단한 책　006
프롤로그 | 평범한 일상을 위한 사려 깊은 빵집　009

보통의 기준이 없는 채 어른이 되다　017
첫 직장에서 사흘 만에 도망치다　023
도쿄에서 드디어 찾은 하고 싶은 일　027
등가 교환이 아닌 걸 어떻게든 해내자　034
세상의 보통을 시험해보자!　040
하고 싶은 일 찾기를 그만두기로 하다　047
산 위에 가게를 연 이유　053
편견도 계층도 없는 장소　056
건강한 일하는 방식이란　063
어디서 어떻게 팔 것인가　070
무엇을 팔 것인가　081
누구에게 팔 것인가　089

어디든 있는 흔한 빵집이 좋다	098
우리만의 보통을 지키다	104
물건을 만들 때 지키는 다섯 가지 규칙	112
나에서 회사로	125
처음 적자가 난 원인	131
와자와자란 무엇인지를 생각하다	137
물건과 돈, 사람 사이에 무엇이 있는가	144
우리는 평등한가	149
가장 올바른 돈의 모습	154
모든 것은 건강한 사회인지에 달렸다	162
앞으로 와자와자가 제공하는 것은	168
좋은 것의 기준은 각자 다르다	174

에필로그 | 그저 즐겨주길 바라는 빵집　　　　　179

보통의 기준이 없는 채 어른이 되다

중학생 때 처음 일을 시작했습니다. 사람들이 일을 시작하는 이유는 다양합니다. 학교를 졸업하고 자연스럽게 일하는 사람, 원하는 게 있어 일하는 사람, 가정 형편 탓에 일하는 사람도 있습니다.

일찍 일을 하기 시작한 이유는 '일에 대한 호기심'이 남들보다 강해서입니다. 집의 가정환경은 조금 특이했습니다. 가족은 할머니와 아빠, 오빠가 있습니다. 엄마는 제가 태어나고 얼마 후 이혼해 넷이 살았습니다.

일반적인 집과 가족 구성만 다른 게 아닙니다. 우리 가족은 당시 아무도 일하지 않았습니다. 아빠도 할머니도 집에만 있었습니다. 그럼에도 거의 '보통'의 생활을 했습니다. 소박한 집이지만 끼니를 챙겨 먹었고, 옷을 사서 입었습니다. 왜 우리 집은 일을 하지 않아도 돈이 있는지 오랫동안 궁금했습니다.

아빠는 집에서 글을 썼습니다. 대학생일 때부터 공자 사상을 연구했는데, 대학을 그만두고도 연구를 계속했습니다. 주식 투자도 했던 것 같습니다. 할아버지가 물려준 자산이 약간 있었고, 그 자산을 운용하며 생계를 유지했다는 사실은 나중에 알았습니다.

중학생 때 일입니다.

가정 수업에 가정환경 조사를 발표하는 시간이 있었습니다. 가정환경 조사서에는 부모 직업을 쓰는 칸이 있었는데, 우리 집에는 엄마가 없었고 아빠 직업도 잘 몰랐습니다. 담당 교과 선생님에게 왜 개인신상을 발표해야 하는지 항의했지만 받아들여지지 않았습니다.

반면 같은 반 친구들은 "우리 아빠는 공무원입니다", "우리 엄마는 교사입니다" 등 부모 직업을 당당히 발표했습니다. 친구들의 부모는 모두 일하는데, 우리 아빠는 일하는 것처럼 보이지 않았습니다. 그때부터 '일'에 대한 관심이 커졌습니다.

중학교 2학년이 된 어느 날, 동네에 닭꼬치 가게가 문을 열었습니다. 막 개업한 곳이라면, 일손이 부족할 터이니 한번 부딪혀보자는 마음으로 가게 문을 두드렸습니다.

"월급은 최소한만 주셔도 되고, 하루 두 시간만 일하게 해주세요."

주인아주머니는 깜짝 놀라며 영업시간이 밤이라서 미성년은 고용할 수 없다고 했습니다. 그렇다고 물러날 제가 아니었습니다.

"그러면 낮에 청소나 정리 정돈을 하는 건 어떨까요?"

"음, 여름 방학 동안만 오후 세 시부터 다섯 시까지 가게에 와서 청소를 도와줄래?"

영업시간이 오후 여섯 시부터라서 영업 전에 나오는 조건으로 일하기로 했습니다. 전날 장사한 테이블을 정리하고 방석을 전부 치운 다음 청소기를 돌렸습니다. 그러고 나서 바닥을 닦고 그날 장사를 준비했습니다. 창문과 현관, 화장실 청소도 빼먹지 않았습니다.

시급은 500엔 정도였고, 두 시간이니 일당은 1,000엔입니다. 한 달에 20일 정도 일하고 약 2만 엔을 받았습니다. 당시 중학생에겐 큰돈이지만, 돈을 받는 것보다 일하는 자체가 즐거웠습니다.

청소하는 동안 주방에서는 당일 장사를 위한 재료 준비를 했는데, 주인아주머니는 자주 구경을 시켜주었습니다. 덕분에 닭고기를 꼬치에 꿰거나 튀기는 모습을 지켜보는 게 지루하지 않았죠. 가게에서 일하는 사람 모두가 잘 대해주었습니다.

고등학생이 된 후 평일에는 집 근처 카페에서, 여름 방학에는 인테리어 숍이나 의류 잡화점에서 일했습니다. 친구 부모님이 운영하는 회사에서 전화 받는 일도 하고, 새벽 네 시부터 여섯 시까지 골프장에서 공 줍는 일도 했습니다. 동아리 활동을 비롯한 학교생활을 하면서 틈틈이 아르바이트에 몰두했습니다.

고등학교를 졸업하고 나서도 20개 이상의 일을 했습니다. 구인 잡지에서 해보지 않은 직종을 발견하면 빨간 동그라미를 쳐두곤 했죠. 그만큼 다양한 일을 해보고 싶었고, 일은 호기심을 충족하기 위한 사회 경험이었습니다.

그러니 매달 통장에 꽂히는 돈에 가치를 두지 않았습

니다. 학생 시절에는 돈을 모으겠다는 생각이 거의 없었고, 원하는 게 있으면 번 돈을 아낌없이 썼습니다. 〈슈푸르 SPUR〉, 〈소엔 装苑〉, 〈엠시 시스터 MC sister〉 등과 같은 패션 잡지를 참고해 주로 옷을 구매했습니다. 지금 생각하면 고등학생치고는 상당히 멋을 부리는 편이었습니다.

아르바이트해서 번 돈으로 구매할 수 없는 아이템도 있었습니다. 받는 돈은 많아야 시급 1,000엔 정도였지만, 잡지에 실린 옷은 수만 엔을 넘기기 일쑤였습니다. 그러나 월급은 덤 같은 것이어서 서른 시간 일해야 구매할 수 있는 금액의 옷이라도 지갑을 여는 데 주저하지 않았습니다.

일찍부터 돈을 벌기 시작했지만, 어른이 되고 나서도 오랫동안 돈을 좇는 걸 '싫은' 행동이라고 여겼습니다. 번 돈을 모으지 않았던 이유 중 하나도 이런 가치관 때문이었습니다. 부모에게 용돈을 요구한 적도 없습니다.

왜 돈을 좇는 게 싫었을까요? 아마도 아빠의 영향이 큰 듯싶습니다.

초등학생 때, 보험 영업을 하던 반 친구의 엄마가 우리 집에 생명보험을 권유하러 온 적이 있었습니다. 친구 엄마는 이 집이라면 보험에 가입할 거라고 생각했나 봅니다.

아빠는 끝내 가입하지 않았습니다. 오히려 사람의 생명을 돈으로 환산하는 걸 어떻게 생각하냐며 한 시간 동안 따져 물은 나머지 친구 엄마가 울상을 지었습니다. 그때 아빠의 모습이 지금도 머릿속에 남아 있습니다.

어떻게 보면 집과 돈에 관한 생각이 또래 친구들과 달라서 고립감을 느꼈고, 그래서 아르바이트에 몰두했나 봅니다. 일찍 사회에서 일하기 시작한 것도 빨리 어른이 되고 싶었던 마음과, 학교라는 세계에서 잘 지내지 못해 도피하고 싶었던 마음에서 비롯된 것일 수 있습니다.

아르바이트는 유일하게 '내 자리'를 찾을 수 있는 곳이었으니까요.

중고등학생 시절은 사람들과 의견이 같은 것이 중요합니다. 그래서 내가 생각하는 '보통'과 세상의 '보통'이 다르다는 걸 깨달을 수밖에 없었습니다.

불편함과 위화감에 예민해진 이유는 어쩌면 어린 시절에 보통을 빼앗긴 결과일 수 있습니다.

첫 직장에서
사흘 만에 도망치다

　고등학교를 졸업하자마자 나고야에 있는 한 호텔에 취직했습니다. 기숙사 생활이 가능해서 집세 등의 돈이 들지 않아서입니다. 이 선택은 아빠의 부재를 전제로 한 진로 변경이었습니다.

　고등학교 2학년 때 아빠가 암에 걸렸습니다. 중학생 시절에도 아빠는 암 투병을 했는데 그때는 수술 결과가 좋아서 완치 판정을 받았습니다. 하지만 재발했을 때 앞으로 6개월을 살 수 있다는 시한부 선고를 받았습니다.

　우리 집안은 학력을 중시해 대학 진학을 당연하게 여

겼습니다. 그런 가치관으로 아빠는 우리 남매를 교육했고, 저도 당연히 대학에 진학할 생각이었습니다. 그러나 아빠의 암 투병엔 비용이 적잖이 들어갔습니다.

당시 대학에 재학 중이던 오빠는 학업을 중단하고 일을 할 터이니, 저더러 대학에 진학하라고 했습니다. 하지만 전 뚜렷한 목표가 없었습니다. 되레 오빠가 공부에 매진하고 있다는 사실을 잘 알고 있어 오빠의 제안을 거절했습니다. 그리고 시한부 선고를 받은 아빠에게 걱정을 끼치고 싶지 않아서 취업을 선택했습니다.

그 후 수술은 성공적이었고, 아빠는 기적적으로 회복되었습니다. 기쁜 일이었지만 이미 고등학교 졸업이 임박했고 취업도 결정된 뒤였습니다. 내심 안도하면서도 갑자기 모든 게 싫어졌습니다. 부모의 건강 상태에 따라 진로와 마음이 흔들린다는 사실을 알아서입니다. 이 일은 내 의지가 아니라 타인의 사정에 따라 내 인생이 영향을 받는다는 사실을 아는 계기가 되었습니다.

결국 취직한 호텔에서 사흘 만에 도망쳤습니다. 일주일간 연수를 마치면 마지막 날 호텔에서 제공하는 풀코스를 먹을 수 있다고 했지만, 위안이 되지 못했습니다.

집단생활이 맞지 않기도 했습니다. 일주일 동안 어울리지 못했던 동갑내기들과 아침부터 늦은 밤까지 함께 있어야 한다는 상황이 고통스러웠습니다.

아빠에게 대학에 진학하고 싶다는 거짓말을 하고 집에 돌아왔지만 공부하고 싶은 마음은 없었습니다. 어릴 때부터 호기심이 많고 눈앞에 벌어진 일에는 몰두하는 편이긴 했어도 장래 희망 같은 건 꿈꿔본 적이 없습니다. 그래서 아빠 말대로 대학에 가려고 했었고, 반대로 아빠가 병이 나자 취업하려고 했던 겁니다.

호텔을 그만두고 집에 돌아왔을 때, 아빠는 딸이 대학 진학을 목표로 한다고 기뻐했습니다. 하지만 시간이 지나도 공부할 마음이 생기지 않았습니다.

점점 집에 있기 불편해졌고, 도망치듯이 일단 도쿄로 가보자고 마음먹었습니다. 시골에서는 인간관계로 힘든 일이 많지만, 도쿄라면 혼자 있어도 괜찮을 듯싶었습니다. 그렇게 도쿄의 스타일리스트 전문학교를 찾았습니다.

집을 떠나고 싶었을 뿐입니다. 특별히 하고 싶은 건 없지만 집이 불편하기도 하고, 혼자 살고 싶었습니다. 옷이 좋았고, 뭔가 재미있을 것 같다는 이유만으로 도쿄의 한

스타일리스트 전문학교에 진학했습니다.

흐름에 휩쓸리듯 살아가면서도 위화감을 느끼면 견딜 수 없었습니다. 누군가에 의해 인생이 좌우되는 것만은 좀처럼 싫었습니다.

대학에 진학할 거라고 믿었던 아빠는 엄청 화를 냈습니다. 아무리 반대해도 아빠 말대로 할 수는 없었습니다. 하는 수 없이 아빠는 학비는 대줄 테니, 나머지는 알아서 하라고 했습니다. 거의 쫓겨나다시피 집을 나왔습니다.

도쿄에서 드디어 찾은 하고 싶은 일

장래 희망, 일로 삼고 싶을 만큼 좋아하는 것, 인생의 목표 등 어릴 때부터 딱히 '하고 싶은 일'은 없었습니다. 그렇다고 돈을 벌려고 일을 한다는 생각도 마음 한구석에 자리 잡고 있지 않았습니다.

일단 살아야 하니까 꾸역꾸역 살았습니다. 단순히 호기심에 이끌려 살다가도 아니다 싶으면 언제든 방향을 바꾸는 식이었습니다. 가는 방향도 모른 채 그때그때 닥치는 대로 살았습니다.

그러다가 스타일리스트 전문학교를 졸업할 스무 살 무

렵, 인생에서 처음으로 하고 싶은 일을 찾았습니다.

클럽 음악과의 만남이 계기가 되었습니다. '옐로Yellow'라는 롯폰기 클럽에서 한 디제이를 보고 충격을 받았습니다. 그 디제이는 굉장히 멋있었습니다! 마치 오케스트라 지휘자처럼 플로어에 모인 사람들을 일제히 조종하는 것처럼 보였습니다.

그 후 클럽에 뻔질나게 드나들며 이렇게 많은 사람을 내가 선곡한 음악으로 흥겹게 하고, 매일 밤 레코드를 돌리며 돈을 번다면 즐거울 거라고 동경하게 되었습니다.

무엇보다 꿈이 생겨서 기뻤습니다. 그래서 서른 살까지 디제이를 해보고 안 되면 포기하자고 다짐했습니다.

디제이로 먹고살려면 어떻게 해야 하는지 조사를 해보았습니다. 인기 디제이의 어시스턴트가 되는 게 가장 빠른 길이었습니다. 레코드 운반 등의 잡일을 하면서 기획 행사에서 오프닝을 맡으며 한 계단씩 올라가는 게 업계의 표준이었죠.

이런 과정은 디제이뿐 아니라 전문학교 학생 시절에 엿본 스타일리스트 세계에서도 비슷했습니다. 모두 그렇게 윗사람을 따라 성공의 계단을 차곡차곡 올랐습니다. 머리로는 이해가 갔지만, 그 방식을 선택할 수는 없었습니다. 주종 관계나 위계질서, 다르게 말하면 대등하지 않은 인간관계 속에 있는 게 성격상 맞지 않아서입니다.

어린 시절부터 그랬습니다. 근거 없이 무언가를 강요받거나, 부당하다고 느끼는 것에 굴복하는 일은 참을 수 없었습니다.

그러면 어떻게 해야 할지 고민한 끝에 처음부터 스스로 하자는 결론에 이르렀습니다. 그래야 훨씬 더 재미있고, 정신적으로도 건강할 것 같았습니다.

장비를 할부로 구매하고, 클럽에 다니며 인기 디제이의 부스를 열심히 관찰하고, 집에서 흉내 내며 연습을 거듭했습니다.

연습을 매번 녹음하고, 여러 번 들어보며 점검했습니다. 이 과정을 끊임없이 반복하고, 어느 정도 만족할 만한 실력이 된 후에야 사람들 앞에서 디제잉을 할 기회를 만들기로 했습니다.

클럽을 빌릴 계획도 세웠습니다. 당연히 돈이 필요했습니다. 당시 대관 시세는 하룻밤에 수만 엔에서 20만 엔 정도였습니다. 한 달 아르바이트비를 전부 쏟아부어야 빌릴 수 있는 정도였습니다.

시부야와 신주쿠, 롯폰기처럼 번화가일수록 장소 대관료가 비싸서 처음에는 외곽에 있는 작은 장소에서 디제잉을 했습니다. 장소를 빌리고, 입장료를 정하고, 손님을 모으기 위해 홍보를 했습니다. 이렇게 몇 달에 한 번씩 작은 공연을 했습니다.

그렇게 하다 보니 정기 연주할 장소가 늘면서 디제잉 일도 조금씩 들어왔습니다. 단발성으로 번 돈은 직접 주최하는 행사 자금으로 돌렸습니다.

도쿄에 온 후에도 한동안 번 돈을 물 쓰듯이 했습니다. 옷이나 레코드를 과하게 많이 사서 전기 요금을 내지 못한 적도 있었지만, 조금 불편할 뿐 신경 쓰지 않았습니다. 하지만 클럽 행사는 그날 큰돈을 마련해서 지불해야 합니다. 돈이 없으면 행사를 열 수 없으니 자연스럽게 씀씀이가 줄었습니다.

낮에는 지인이 소개해준 패션 잡지 편집부에서 아르바이트를 하고, 밤에는 디제잉 연습과 기획 공연 준비를 했습니다. 이 세 가지에 몰두하는 날들이 이어졌습니다. 그런 와중에 또 하나의 만남이 찾아왔습니다.

1996년쯤 전 세계가 인터넷으로 떠들썩했습니다. 주변에서도 아이맥이나 윈도 컴퓨터를 구매하는 사람이 생겼습니다. 직장 선배가 산 컴퓨터를 보여주었을 때, 전 세계의 정보를 즉시 확인할 수 있다는 사실에 입이 다물어지지 않았습니다.

인터넷을 사용하면 순식간에 전 세계와 연결됩니다. 디제이 활동도 세계에 알릴 수 있죠. 그러면 더 많은 사람이 공연에 찾아오지 않을까요?

곧바로 아키하바라에서 윈도 컴퓨터를 사고 집에 설치했습니다. 워드로 문서를 작성하고, 엑셀로 계산하고, 페인트로 그림을 그리는 등 소프트웨어를 하나씩 써보았습니다. 그날 꼬박 밤새워 아침이 될 때까지 몰두했습니다. 이것만 있으면 무엇이든 가능할 것 같아서 바로 디제잉 활동 웹사이트를 만드는 데 착수했습니다.

HTML을 공부하고, 어도비 일러스트레이터와 포토샵 사용법도 독학했습니다. 잡지 편집부에서 맡은 아르바이트를 그만둘 즈음에는 이미 웹사이트를 완성하고 운영을 할 수 있었습니다.

웹사이트에 행사 정보는 물론 레코드 리뷰나 정보 교

환, 팬들과의 소통을 위한 게시판 등 다양한 콘텐츠를 마련했습니다. 지금 돌아보면 작은 미디어에 해당한다고 할 수 있습니다.

그렇게 하다 보니 사람이 점점 모여들었습니다. 게시판에는 공연을 관람한 사람들이 감상평을 올리기 시작했고, 팬이 하나둘 느는 걸 실감했습니다.

뭔가에 깊이 집중하는 성격이라 새로운 기술을 배우면 웹사이트에 바로 반영해 퀄리티가 눈에 띄게 좋아졌습니다. 덕분에 소문이 나면서 웹사이트 제작 의뢰를 받기도 했습니다.

당시는 인터넷 초기 시절이어서 제작비를 얼마를 받아야 할지 몰랐지만 의뢰받은 일은 모두 맡았습니다. 그렇게 하다 보니 어느새 웹사이트 제작이 하나의 일이 되었고, 디제이 행사와 웹사이트 제작만으로도 먹고살 수 있었습니다.

의뢰받은 일은 거의 거절하지 않았고, 불가능해 보여도 할 수 있다며 수락했습니다. 집에 돌아와 필사적으로 자료 조사를 하고 어떻게든 완성해서 납품하는 날들이 이어졌습니다. 그렇게 웹사이트 제작을 반복하는 동안 다양한 스킬을 익힐 수 있었습니다.

하지만 웹디자이너가 되고 싶은 건 아니었습니다. 요구하는 일을 하다 보니 자연스럽게 그렇게 되었을 뿐입니다. 웹디자인은 '할 수 있는 일', 즉 돈을 벌기 위한 일이며 디제잉이라는 '하고 싶은 일'을 보조하는 수단에 불과했습니다.

등가 교환이 아닌 걸
어떻게든 해내자

누구 밑에서 일하는 대신 모든 걸 스스로 해보기로 하고, 서른 살까지 디제이로서 자립하겠다고 결심했습니다.

몇 년이 지나 여러 공연에 초대받았고, 기획 공연을 열면 비용을 간신히 맞추거나 약간의 이익을 낼 정도로 성장했습니다. 하지만 한발 더 나아가지 못하는 느낌을 지울 수 없었습니다. 디제잉만으로 먹고살 정도까지 도달하지 못했는데, 어떤 그 라인을 넘지 못하고 있었죠.

그즈음 같은 시기에 디제잉을 시작한 지인들이 어시스턴트로 시작해 인맥을 쌓고 성공하는 모습을 보았습니다.

제가 선택한 길이 지름길이라고 생각하고 출발했는데 추월당하고 있었습니다. 그 딜레마는 상당했습니다.

어떻게 하면 더 많은 사람을 내 공연에 오게 할지 고민했습니다. 답은 간단합니다. 유명 디제이를 초청하면 됩니다. 그래서 '해외의 유명 디제이와 함께 무대에서 내 레코드를 돌려 사람들에게 나를 알리자'라는 호랑이의 위세를 빌리는 전략을 선택했습니다. 유명 디제이를 초청하려면 꽤 많은 돈이 들지만 당시 느꼈던 딜레마를 극복하려면 그 방법밖에 없었습니다.

위험을 감수하며 결행한 공연은 그동안 없었던 성공을 거뒀습니다. 많은 사람이 모여들었고, 공연장은 대성황을 이루었습니다. 이제 됐다고 생각했지만, 결과는 반대였습니다. 그 성공은 오히려 평소 공연에 사람이 오지 않는 상황을 낳았습니다.

이 일로 사람들이 유명세에만 가치를 둔다는 사실을 뼈저리게 느꼈습니다. 남의 명성을 빌리고 있을 뿐 디제이로 자립하지 못한 내 실력과 현실만 확인했습니다. 그즈음 해외 레이블을 통해 레코드를 내보려고 했지만 잘되지 않았습니다.

"여성으로서의 매력을 더 어필해보세요."

클럽 사장으로부터 입버릇처럼 들었던 말입니다. 해외 디제이와 공연할 때는 화장을 하고 스타일리시한 옷차림으로 '여성'을 어필하라고 말이죠. 그런 옷차림을 좋아해 멋을 내고 디제잉을 하기도 했습니다.

하지만 당시 유행했던 익명 게시판 사이트에서 "남자 같은 거친 미니멀 테크노를 돌리는 여자 디제이가 있다"라는 글을 본 이후로 남자나 여자가 아니라 실력으로 인정받고 싶다는 생각이 강해졌습니다.

실력 외의 다른 부분으로 주목받는 게 싫었습니다. 그래서 공연하는 날, 일부러 티셔츠에 청바지 차림으로 갔습니다. 당연히 클럽 사장으로부터 당장 집으로 돌아가라는 말을 들었습니다. 하지만 내 행사이니 이대로 무대에 오르겠다고 고집을 부리다가 사장과 싸우고 말았습니다. 강단이 있어서가 아니라 그렇게 할 수밖에 없어서입니다.

일본의 대형 레코드회사로부터 음반을 내자는 제안을 받은 적도 있는데, 계약 조건이 마음에 들지 않아서 거절했습니다.

친구들은 좋은 기회를 놓쳤다며 아쉬워했지만, 전 마

음이 받아들이지 못하면 움직일 수 없는 사람입니다.

모처럼 기회가 와도 뭔가 다르다고 느끼면 잡지를 못 했습니다. 그 위화감을 무시하면서까지 성공에 집착할 수는 없었습니다. 이런 성격으로 인해 기회라는 순간을 항상 놓쳐왔습니다. 유명해지고 싶다기보다는 실력에 맞는 활동을 하고 싶었고, 겉과 속이 항상 일치해야 한다고 믿었습니다. 마음속에서 생각하는 것과 실제로 하는 게 다르면 견딜 수 없었습니다.

한마디로 어리석었습니다. 그것도 바보처럼 솔직했습니다. 이런 성향 역시 아빠로부터 받은 영향이 컸을 겁니다. 아빠는 늘 왜 그렇게 생각하는지, 왜 그렇게 느끼는지 물어보았거든요. 수학 숙제를 할 때 방정식을 외워서 풀면 아빠는 그 방정식 원리를 제대로 이해하지 못하고 문제를 풀었다고 혼냈습니다.

학원에 가고 싶다고 해도 암기식 공부는 소용없다며 허락하지 않았습니다. 모든 걸 스스로 생각하라며 참고서도 사주지 않았죠. 그러니까 시험공부는 교과서를 파고들 수밖에 없었고, 교과 성적은 좋지 않았습니다.

이렇게 형성된 습관은 좀처럼 고치기 힘들었습니다.

누군가 이렇게 하면 좋다고 해도 '정말 그럴까?', '왜 그렇게 해야 좋을까?'라는 생각에 빠지곤 했습니다. 스스로 생각하기는 좋지만, 사회에서 유연하게 살아가기에 그 습관이 너무 강했고, 융통성이 없었습니다. 그렇게 모든 일이 잘 풀리지 않았습니다.

스물일곱 살 무렵입니다. 모든 게 싫어졌고, 거의 우울증 상태였습니다. 고집이 세고 완고해 성공으로 직진하지 못하는 자신에게 진절머리가 나고 말았습니다.

디제잉은 처음으로 찾은 '하고 싶은 일'이었습니다. 하지만 열심히 해도 돈과 일, 인간관계 등 모든 면에서 상상했던 등가 교환이 되지를 않았습니다. 직위나 성별, 나이 등 본질이 아닌 것에 가로막혀버렸습니다. 등가 교환이 되지 않는 상황은 좀처럼 견디기 힘들었습니다.

이제 조금만 더 하면 되는데 아깝다고 주변에서 만류했지만, 어느 날 갑자기 디제잉을 그만두었습니다. 그러고 나서 도쿄를 떠나 나가노에서 회사에 다니는 남자 친구집의 문을 두드렸습니다. 이 남자 친구는 지금의 남편입니다.

크나큰 좌절이었습니다. 그래도 제 마음에 대해서만큼은 항상 정직하게 행동해왔습니다. 이렇게 하면 좋다는 충고를 따르면 마음이 망가질 수 있다는 사실을 느끼고 있었습니다. 그래서 따를 수 없었습니다.

오죽하면 첫 직장도 사흘 만에 그만둘 정도로 안 된다 싶으면 도망치는 사람이 저입니다. 몸과 마음이 약하고, 참는 걸 견디지 못하는 성격의 소유자입니다. 스스로에게 거짓말하고 무리하면 무너질 걸 본능적으로 알았을까요. 그런 전 도쿄에서 잘살 수 없었습니다.

한편으로 이 좌절은 사회에서 잘사는 것보다 내가 건강하게 살기를 선택한 결과라고 생각합니다. 덕분에 지금 와자와자를 운영하는 나가노에 왔으니까요.

구부리고 싶지 않은 걸 구부리지 않고 한 번 완전히 부러지는 경험도 인생에서는 필요합니다. 물론 삼십 대 후반에 접어들고 나서야 그런 생각이 들었고, 그 깨달음을 얻기까지는 시간이 적지 않게 걸렸습니다.

세상의 보통을
시험해보자!

　나가노로 도망치듯 이주한 뒤 남자 친구와 결혼 이야기가 나왔습니다. 그러고 나서 얼마 후 혼인 신고를 할 무렵, 남편은 디제이 시절에 생긴 내 빚과 자동차 할부금 등을 모두 갚아주었습니다.

　"네가 히라타 성을 가지게 된다면 그 빚은 이제 내 빚이야!"

　총액은 약 100만 엔입니다. 남편은 기치관이 좀 보수적인 사람이라서 '히라타'가 빚지는 건 싫다며 제 빚을 갚았습니다. 전 돈에 관한 집착이 없어서 빚이 싫다는 감각이 없었습니다. 그래서 남편의 말을 잘 이해하지 못했지만 그런가 보다 하고 돈을 넙죽 받았습니다.

이 이야기를 하면 주변 사람들이 대단한 남편을 두었다고 칭찬하지만, 전 빚이 있든 없든 갚고 싶으면 갚으면 된다는 인식을 가지고 있었습니다. 그리고 10년이나 20년 후 남편에게 열 배로 갚겠다고 했는데, 실제로 그렇게 할 수 있어서 다행이었습니다.

꿈을 포기하고, 새로운 곳으로 거주지를 옮기고, 빚도 없어지고, 제로에서 시작한 결혼 생활.

남편은 이제는 제대로 해줬으면 좋겠다고 했습니다. 지금까지는 앞뒤 생각하지 않고 돈을 써왔지만, 부부가 되었으니 제대로 된 경제 감각을 갖추기를 바랐습니다.

당연하다고 하면 당연한 말입니다. 지금까지 행동은 잘못되었으니까요. 스스로 옳다고 믿는 일을 해서 빚을 지고 성공하질 못해서 남편 의견을 수긍할 수 있었습니다. 내 의지로 한 일이 잘되지 않는다면 남편의 말대로 해보자며 예전의 '수동적인 나'로 돌아갔습니다.

기본적으로 정직하고 솔직한 성격이라서 머리로 이해하면 바로 의견을 받아들입니다. 그래서 한번 세상의 보통을 테스트해보기로 했습니다. 보통이 어떤 건지 오히려 흥미가 생기기도 했습니다.

지금까지 만든 웹사이트 실적을 정리해 포트폴리오로 만든 다음 나가노의 한 시스템회사에 지원했습니다. 그렇게 웹디자이너로 취직했습니다. 고등학교를 졸업한 후 사흘 만에 그만둔 호텔을 제외하면 처음으로 하는 정규직 일이었습니다. 프리랜서로 일해온 지금까지와는 정반대의 선택이었습니다.

그때부터 세상에서 말하는 보통의 삶을 살려고 회사원으로 일하며 절약하고, 남편의 권유로 가계부를 썼습니다. 변화하려고 무진 노력 했습니다.

가계부에 수입을 적고, 내가 얼마나 돈을 쓰는지 파악하고, 식비를 줄일 계획을 세웠습니다. 헬로 키티가 그려진 초보자 가계부에 꼼꼼히 숫자를 기록했습니다. 처음에는 신선하고 재미있기도 했습니다.

조금이라도 절약하기 위해 차를 타고 동네의 여러 슈퍼마켓을 돌아다니며 싼 물건을 구매했고, 그럴 때마다 뿌듯했습니다. 하지만 아무리 노력해도 잘되지 않았습니다. 냉장고 속에 넣어둔 식재료가 상하기 일쑤였습니다. 실패만 반복했습니다.

가계부를 보며 열심히 하는데도 왜 돈이 모이지 않는지 고민했지만, 무턱대고 싼 물건만 사들이니 당연한 결과였습니다. 지금까지의 인생에서 계획적으로 살지 않아 미리 준비하고 살림을 꾸리는 일이 어려웠습니다.

인터넷을 활용해 좋은 물건을 더 싸게 사려고 노력도 해보았습니다. 비교적 성공했지만, 쇼핑이 지루했습니다. 여기가 더 싸다, 이 상품이 가성비가 더 좋다고 해도 설레지 않았습니다.

조금이라도 싸고 좋은 물건을 사는 데서 즐거움을 찾으려고 애썼지만, 재미도 없고 돈도 모이지 않아서 대체 무엇을 하고 있는지 의문이 들었습니다.

이런 소비 방식이 과연 가치가 있는지 알 수 없었습니다. 이런 소비는 의미가 없다고까지 느꼈습니다. 그럼에도 3년 동안 가계부를 쓰는 생활을 했습니다. 그만두게 된 건 부부 싸움이 계기였습니다.

어느 날, 남편이 나와는 별개로 엑셀을 이용해 가계부를 쓴다는 사실을 알았습니다. 가계부를 쓰라고 권한 사람은 남편인데 말이죠. 가계부를 정말 제대로 쓸지 아내를

믿을 수 없어서 쓰고 있었던 겁니다.

그 사실을 알게 되었을 때 화가 머리 꼭대기까지 나서 내가 노력해온 지난 3년은 무엇이냐며 앞으로 가계부를 쓰지 않겠다고 크게 싸웠습니다. 남편이 할 수 있는 일은 본인이 하면 되지 내게 맞지 않는 일에 노력과 시간을 들이고 싶지 않았습니다. 그때부터 각자 집안일을 역할 분담하게 되었습니다.

나는 내가 좋아하는 방식으로 돈을 쓰려고 수입을 늘리는 방향을 고민했습니다.

그즈음 다니던 회사에 좀처럼 적응하지를 못했습니다. 회사 워크숍은 고통스러웠고, 회식 자리에서 상사에게 건방진 말을 했다가 혼나기도 했습니다. 그런 경험들은 제 삶에 적지 않은 도움이 되었습니다.

프리랜서로 일해본 덕분에 적응이 빨랐고, 웹디자인부터 인쇄물 디자인까지 폭넓게 경험할 수 있었습니다. 점차 일을 많이 맡게 되었고, 일 자체에 재미를 느끼게 되었습니다. 모르는 걸 배우기 좋아해서인지 웹 로직을 익히는 과정이 즐겁기도 했습니다. 이 경험은 와자와자의 전자상거래나 재고 관리에 도움이 되고 있습니다.

업무 부담이 커지면서 의문점도 커졌습니다. 혼자 웹디자인을 하다 보니 이런저런 일을 도맡아 밤늦게까지 하는 날이 잦았습니다. 그에 비해 월급은 적었고, 초과근무수당도 제대로 받지 못했죠.

어느 회의에서 고용주에게 근로기준법을 위반하고 있는 걸 알고 있냐고 물어보았습니다. 고용주는 위반 사실을 알고 있지만, 개선할 수는 없다고 했습니다.

제가 원해도 상대가 개선할 생각이 없다면 대화가 헛수고로 끝나는 건 명백합니다. 혼자 하면 같은 일이라도 더 벌 수 있어 퇴사를 결정했습니다.

다시 한번 눈 감고 넘길 수 없었습니다. 이치에 맞지 않은 상황이 견딜 수 없었고, 불평등한 관계도 참을 수 없었습니다. 결국 이런 사람이구나 싶어, 이쯤에서 세상의 보통에 맞추려는 노력을 포기했습니다.

이런 성격을 싫어하는 사람도 있겠지만, 한정된 인생을 제 스타일대로 정직하게 살고 싶었습니다. 지금은 있는 그대로 솔직하게 살아가려고 하고 있습니다.

그 후 실제로 퇴사했지만 지금도 그 회사 사람들을 만나면 안부 인사를 나눕니다. 제가 받아들이지 못해서 회사를 그만둔 것뿐이니까요. 덕분에 많은 걸 배울 수 있었고, 세상의 보통에 맞춘 돈 쓰는 법과 일하는 방식에서 다시 벗어나는 흐름을 타게 되었습니다.

지금도 어떤 의문이나 위화감을 무시할 수 없어서 어떻게 할지 끊임없이 고민합니다. 아무래도 제 인생은 그런 고민의 연속인가 봅니다.

하고 싶은 일 찾기를
그만두기로 하다

하고 싶은 것이 없는 게 문제였습니다. 겨우 꿈을 찾았다 싶으면 노력했는데도 실패하고 수동적인 삶으로 돌아가는 걸 반복하다시피 했습니다.

그런 인생이어서 서른 살이 넘자 하고 싶은 걸 찾거나, 하고 싶은 걸 하면서 살아가자는 생각 자체를 그만두었습니다. 사방팔방으로 찾으려고 해도 제 눈에는 보이지 않았거든요.

찾았다 싶으면 7년이라는 시간을 들여 노력한 끝에 실패하니 사고방식 자체를 전환해야 할 듯싶었습니다.

'하고 싶은 일'과 '할 수 있는 일'이 일치하지 않아서 벌어진 결과였습니다. 그래서 뭘 하든 잘되지 않았던 거죠. '할 수 있는 걸 곱해보자'라는 생각을 해봤습니다.

하고 싶은 일은 없어도 할 수 있는 일은 있을 법합니다. 그래서 인생을 돌이켜보며 재고를 정리하듯 '할 수 있는 것' 리스트를 작성했습니다.

하지만 할 수 있는 일이라고 해도 이것저것 조금씩 손대본 정도였습니다. 아는 건 자잘하게 많지만, 최고라고 자부할 만한 지식이나 기술은 없었죠. 그런 제가 하나에 승부를 거는 건 현실적이지 않았습니다.

하지만 그것들을 하나하나 조합하면 어떤 일이 될 수도 있지 않을까요? 부모의 이혼으로 어릴 때부터 주방에 드나든 덕에 요리는 취미 가운데 하나였습니다. 문제는 결혼 후 절약하려고 시작한 베이킹에 빠져서 집 안이 빵으로 가득 찰 정도로 매일 구운 데 있습니다.

평범한 주부가 무턱대고 밀가루 25킬로그램을 온라인으로 주문했습니다. 가족이 먹는 양 따위는 고려하지 않은 채 마치 수도승처럼 작은 가정용 오븐으로 매일 빵만 구웠습니다. 먹지 못할 만큼 굽는데도 굽고 싶어서 오븐을 돌렸습니다. 요리라기보다 실험에 가까웠습니다. 어떻게 하면 맛있는 빵을 구울 수 있는지 데이터를 모으며 실험과 검증을 반복했습니다.

이런 성격도 아빠를 닮아서인지 끝도 없이 몰입했습니다. 심할 때는 하루에 오븐을 다섯 번이나 돌리며 전기 요금은 아랑곳하지 않고 빵만 구웠습니다. 절약을 위해 시작한 베이킹이지만, 되레 역효과를 내고 있었습니다. 한마디로 엉망진창인 주부였습니다.

구운 빵은 출근하는 남편 손에 들려주거나 시어머니의 친구들에게 나눠주곤 했습니다.

그러던 어느 날입니다.

"당신, 이 빵을 팔아봐. 무지 맛있어. 가게라도 해보는 게 어때?"

그 말을 들었을 때 아이디어가 좋다고 생각했습니다. 특히 '가게'라는 단어가 가슴에 와닿았습니다. 전 베이킹 외에도 할 수 있는 일이 꽤 많습니다. 어릴 때부터 옷을 직접 만들어 입거나 손뜨개를 했습니다. 그릇도 좋아합니다! 나가노에 온 후로는 도자기에 관심을 두고 조금씩 그릇을 만들었는데 벌써 7년이나 되었거든요.

만드는 것뿐 아니라 쇼핑도 좋아합니다. 잡지 편집부에서 일해서 그런지 패션 지식이 어느 정도 있습니다. 물론 웹사이트를 만드는 기술도 있습니다.

쭉 나열해보니 할 수 있는 것이 꽤 되었습니다. 아무래도 한 번 빠지면 꼼꼼히 공부해서 익히려는 성격이 도움이 되었나 봅니다. 어느 것이든 전문가 수준에 다다르지 못했지만 하나를 깊이 파고들기보다 여러 요소를 섞으면 일이 될 수도 있겠다 싶었습니다.

남편이 내뱉은 '가게'라는 말에 이런 생각이 떠올랐습니다. '무언가를 만드는 것과 무언가를 선택하는 것' 둘 다 고수 수준에는 미치지 못하지만, 지식과 경험이 있으니 이런저런 것들을 섞어서 가게를 열 수 있을 것 같았습니다. 그렇게 생각하니 결단은 순식간이었습니다. 가게를 하려는 마음을 굳혔습니다.

다음은 어떤 가게를 할지입니다. 고민 끝에 음식점과 빵집이 최종 후보로 남았습니다.

음식점은 바 같은 밥집을 떠올렸습니다. 요리와 술을 좋아한다는 단순한 이유였지만 역시 어려울 것 같았습니다. 손님이 얼마나 올지 모르는데 재료를 사들여 요리하는 일은 버겁습니다. 무엇보다 밤에 일하고 싶지 않았습니다. 술에 취하는 건 좋아하지만, 취한 사람을 상대하는 건 싫었습니다. 결국 음식점이라는 후보는 사라졌습니다.

그렇다면 빵집은 어떨까요? 빵은 비교적 오래 보관할 수 있고, 수요 예측을 바탕으로 제조와 판매를 할 수 있습니다. 게다가 대부분 빵을 좋아합니다. 알레르기가 있는 사람을 제외하면 적어도 빵을 싫어하는 사람을 만나본 적이 거의 없었습니다.

일반적으로 빵집은 좋은 냄새가 난다거나 맛있어 보인다는 등 이미지가 좋아 보였습니다. 단가가 낮은 점도 매력적입니다. 고급 식빵도 몇백 엔에 살 수 있으니까요. 빵집은 접근성이 좋고 문턱이 낮습니다. 조금만 노력하면 누구나 구매할 수 있다는 점도 좋았습니다.

빵집을 하자고 마음먹고, 어떻게 해야 빵집을 열 수 있는지 조사를 했습니다. 빵집을 창업하는 데는 제빵기능사 면허가 꼭 필요하지는 않았습니다. 일정 교육을 이수해 식품위생관리사 자격증을 취득하고, 싱크대 수와 위생 기준 등 조례에 맞는 설비만 갖추면 되었습니다.

마침 나가노에 집을 지을 계획이어서 주방을 만들고,

제과제빵 제조 허가를 받기로 했습니다. 빵을 판매할 장소도 가게를 따로 빌리지 않고 당분간은 이동 판매를 할 생각이어서 부담이 크지는 않았습니다. 그런 느낌이어서 '창업'이라는 거창한 단어를 의식하지 않았습니다. 실패하면 바로 그만두면 된다는 가벼운 마음이었습니다. 남편도 제가 만든 빵을 수도 없이 먹어봐 가게를 여는 데 찬성했습니다. 이것이 와자와자의 출발점입니다.

오랫동안 '하고 싶은 일'을 찾고 있었지만, '할 수 있는 일'의 조합으로 무언가 할 수 있다는 생각이 전환점이 되었습니다. 그동안 닥치는 대로 살아왔지만 흐름에 휩쓸리면서도 여기저기에서 만들어왔던 '점'들을 연결해 '선'으로 만들 수 있었죠.

디제이 공연 기획, 잡지 편집부 아르바이트, 웹디자이너 등을 하면서 겪은 경험이 합쳐져 가게를 운영하기에 안성맞춤인 기술이 제 안에 갖춰져 있었습니다. 그 '선'을 그리려 할 때, '할 수 있는 것'이 '하고 싶은 것'이 될 수도 있습니다. 그동안 어디서든 찾지 못했던 제 자리를 마침내 제 손으로 만들 수 있다는 희망이 보였습니다. 와자와자를 시작한 이유입니다.

산 위에
가게를 연 이유

 이동 판매를 거쳐 와자와자는 집 앞과 집 옆에 매장이 있습니다. 모두 나가노현 토우미시 미마키하라라는 '산 위'입니다. 산 위에 가게를 만든 이유를 물어보는 질문을 자주 받습니다. 기차역 앞에서 사업을 시작하는 게 정석일 수 있지만 굳이 대중교통이 없는 장소에 가게를 만든 이유는 간단합니다. 경치가 좋아서입니다.

 나가노에 살기로 결정한 후 어디에 살지 오래 고민했습니다. 먼저 남편의 출퇴근이 가능한 지역 내에서 집을 찾기 시작했습니다. 기존 주택을 사서 리모델링을 할지, 땅을 매입해서 새로 지을지 생각을 해보았습니다.

그때 우연히 보러 간 미마키하라의 이 땅에 첫눈에 반해버렸습니다. 매섭게 추운 2월이었습니다.

부동산 중개인이 소개해준 곳으로 차를 타고 이동하는 중이었습니다. 오른쪽에는 웅장한 아사마산이 선명하게 보이고, 왼쪽 지평선에는 북알프스가 뚜렷하게 떠오르는 광경이 펼쳐졌습니다.

감탄사가 절로 나왔습니다. 그 후에도 땅을 보러 다녔지만, 이 감동을 넘는 곳은 없었습니다. 고민 끝에 아빠에게 전화로 상의했습니다. 땅은 첫눈에 반해서 사라는 말을 듣고 그 즉시 매입을 결심했습니다.

안타깝게도 아빠는 빵집을 시작하고 얼마 후 돌아가셔서 직접 보지는 못했습니다. 매장을 같은 장소에 연 이유는 이 경치를 함께 보고 싶어서입니다. 단지 그뿐입니다.

산 위에 올라서면 그보다 더 높은 산이 멀리 내다보입니다. 대지에 곧게 뻗은 길은 마치 작게 축소한 홋카이도 같기도 하고, 유럽의 어느 시골을 연상하게 힙니다. 목가적인 풍경에 마음을 빼앗겨 산 위에 가게를 열었습니다.

이 풍경은 어느 곳에서도 본 적이 없습니다. 어떻게 보면 단지 이곳을 방문할 이유가 없어서 보지 못했을 뿐입니다. 만약 이곳에 '올 이유'가 있다면 이 풍경을 볼 수 있습니다. 여러 사람이 이 장소에 올 이유를 만들려고 미마키하라에 가게를 열었습니다.

예전의 저와 같이 도시에 살고 있는 사람이 맛있는 빵이 있다는 소문을 듣고 미마키하라를 방문한다면 이 경치에 감동할 겁니다. 멋진 풍경이 더해져 빵 맛이 더 좋았던 추억이 될 테니까요.

그런 날이 오려면 먼저 사람들이 이곳까지 찾아오도록 해야 했습니다. 미마키하라에 가게가 있다는 걸 알리기 위해 홍보의 빈도수를 늘리려고 마음먹었습니다. 묵묵히 손을 움직여 풍경 사진을 찍어서 블로그도 쓰고, 소셜미디어를 활용했습니다.

산 위에 깃발을 세우는 것처럼 인터넷에서 매일 큰소리로 외치지 않으면 누구에게도 알려지지 않을 것 같아서 꾸준히 정보를 올렸습니다.

역 앞의 가게처럼 우연히 지나다가 들르는 사람은 없습니다. 내가 행동하지 않으면 아무 일도 일어나지 않는다는 게 오히려 더 보람을 느끼게 했습니다.

편견도 계층도 없는 장소

빵집을 하기로 결정한 후 방향을 고민했습니다. 우선은 누구든 부담 없이 방문할 수 있으면서도 어수선하지 않은 장소이길 원했습니다. 당시 그 이미지를 '공원'이라고 표현했습니다. 누구든 방문해도 좋고, 누구든 방문해도 이상하지 않은 곳.

농사일을 마친 할아버지가 소형 트럭을, 하이힐을 신은 여성이 벤츠를 타고 와서 우리 매장을 방문할 수도 있습니다. 이처럼 '빵'을 선택한 이유 중 하나는 고객층이 폭넓어서입니다.

그러나 산 위에 가게를 열기로 했으니, 진입장벽은 높아진 셈입니다. 나가노현의 산 위라는 위치만으로도 거부감을 느낄 수 있습니다. 그래서 위치 외에는 문턱을 낮추고, 다양한 손님에게 열린 공간으로 만들고 싶었습니다. 가게 이름도 '일부러 わざわざ' 찾아주어 고맙다는 마음을 담아 '와자와자'라고 지었습니다.

또 하나는 손님에게 좋은 선택지를 제공하고 싶었습니다. 개업 초기에 한 유기농 전문점으로부터 영향을 받았습니다. 그분은 자신의 가게를 '환경 부담을 줄이기 위한 활동' 개념으로 운영하고 있었습니다. 이곳에 오면 몸에 좋지 않은 음식은 먹지 않을 수 있고, 환경에 부담을 주지 않는 쇼핑도 할 수 있다는 콘셉트였습니다.

좋아하는 일을 하는 데 그치지 않는, 확고한 이념이 느껴지는 곳이었습니다. 그 모습이 인상 깊었고, 와자와자도 누군가에게 도움이 되고 싶었습니다. 가게를 통해 누군가를 행복하게 할 수 있으려면 어떻게 해야 할지 고민한 끝에 가능한 한 좋은 선택지를, 강요하지 않는 방식으로 제공하기로 했습니다.

그러려면 몸에도 좋고, 환경에도 좋은 빵을 만들면 됩

니다. 그렇게 한다면 사람들이 무리하지 않고 건강하게 살 수 있을 거라고 믿었습니다. 처음에는 입간판에 '천연 효모', '국산 밀가루'라는 단어를 적었습니다. 그랬더니 자연 식품을 선호하는 손님들이 모여들었습니다.

 이 선택은 원하지 않는 상황을 초래하고 말았습니다. 다양한 손님이 찾아오길 바랐는데 자연주의 성향의 손님들만 모이게 된 결과, 다른 손님들은 멀어지고 있다는 느낌을 받았습니다.

 개업 당시인 2009년에는 환경 문제나 트레이서빌리티 Traceability에 대한 문제의식이 낮은 시기여서 일부만 그런 사고방식을 의식하고 있었습니다. 나가노에서는 틈새시장이기도 하고, 매크로바이오틱 Macrobiotic이나 비건 음식을 취급하는 가게가 적어 눈에 띄었나 봅니다.

 가족이 내 식습관을 이해해주지 않는데 어떻게 설득하면 좋은지, 알레르기가 있는데 무엇을 먹어야 하는지에 관한 상담을 자주 받아 곤혹스러웠습니다. 누군가에게 건강에 대한 의식을 강요하고 싶은 게 아니라 단지 맛있고 몸에 좋은 빵을 먹어주길 바랐을 뿐인데, 편향된 손님층에 조금씩 위화감을 느꼈습니다.

'소형 트럭부터 벤츠까지'라는 말처럼 가까운 이웃도, 자연식품에 관심이 없는 사람도 와주길 바랐습니다. 어느 한쪽에 치우치는 건 싫었습니다.

그 후 입간판에서 '천연 효모'와 '국산 밀가루'라는 단어는 없어지게 되었습니다. 초기부터 환경을 고려해 비닐봉지를 유상 판매했지만, 그것도 홍보를 멈췄습니다. 홍보를 하면 그런 사람들만 모이는 시대여서입니다.

지금은 세상이 환경을 생각하는 방향을 당연하게 여기지만, 당시는 그렇지 않았습니다.

그런 일을 겪고 난 후 순수하게 '맛'을 추구하기로 했습니다. '건강에 좋으니까'라는 이유로 무언가를 계속 먹는 건 어렵지만, '맛있으니까'라는 이유라면 사람들은 기꺼이 계속 먹어서입니다.

아이든 어른이든 '몸에 좋으니 먹자' 하면 적극적으로 먹지 않지만, 맛있다고 느끼면 기쁘게 사서 먹습니다. '맛있다'는 가장 강력한 이유가 됩니다.

물론 '맛있다'는 정의는 사람마다 다릅니다. 맛있는 빵은 이런 빵이라고 제안했을 때, 손님의 정의와 일치한다면 연속 구매로 이어진다고 생각합니다. 그 결과가 건강으로 이어진다면 더 기쁘겠지요. 맛있고 건강한 빵을 모두가 먹었으면 좋겠습니다. 단순한 바람이지만 이게 실현되면 '맛있다는 것 자체가 옳고 바람직한 것'이 됩니다.

맛있지만 아무리 먹어도 몸에 부담을 주지 않고, 환경도 고려하고 있다는 식으로 '맛있다' 외의 걸 숨겨두고 싶었습니다. 일부러 그 부분을 전면에 내세우지 않고 가게를 운영하기로 한 거죠.

방문객들이 더 즐겁게 느낄 수 있도록 빵뿐 아니라 좋은 품질의 일용품도 갖춰놓았습니다.

개업 초기에는 혼자 빵을 구웠기 때문에 생산량이 적어서 일부러 산 위까지 왔는데도 때때로 빵을 구매하지 못하는 일이 벌어졌습니다. 그럴 때마다 손님들이 실망하는 모습을 보았습니다. 이런 상황을 만든 스스로가 억울하고 속상해서 어떻게 하면 좋을지 궁리했습니다.

와자와자 빵을 좋아하는 사람들은 음식에 관심이 깊을 거라고 추측해 다양한 식품을 갖췄습니다. 손님들을 미소 짓게 할 소모품과 일용품 중에서 제가 애용하고 친구들에게도 추천할 만한 상품을 엄선해 라인업을 늘려갔습니다. 손님들이 실망하지 않도록 종류도 재고도 충분히 준비했습니다.

가까운 이웃에게는 근처에서 판매하지 않는 물건이라서 기쁠 겁니다. 멀리서 온 손님에게는 나가노에서만 구매할 수 있는 아이템이어서 좋을 거고요.

만드는 사람의 이야기가 담겨 있고, 이곳에서만 살 수 있는 엄선한 아이템이면 좋겠다 싶었습니다.

가게에서 대화를 나눈 손님들의 얼굴을 하나하나 떠올리며, 저 손님은 이걸 좋아할 거라고 상상하면서 아이템을 골랐습니다. 부부, 가족, 어린이, 어른, 회사원, 자영업자, 동종 업계 종사자, 여행객, 이웃 등 다양한 사람의 입장이 되어 어떤 가게가 좋을지 상상력을 발휘해 서비스를 준비했다는 말입니다.

그렇게 점점 '오고 싶은' 이유를 늘려가면서 지금의 위계도 편견도 없는 모습이 되었습니다. 제가 발견한 멋진 걸 손님에게 전하고, 함께 나누고, 모두가 즐길 수 있기를 바라는 마음은 지금도 변함없습니다. 좋다고 믿는 것, 가치가 있는 것에 지금도 노력을 아끼지 않습니다. 오히려 그 노력은 삶의 보람으로 이어졌습니다.

와자와자는 2009년 2월에 시작했습니다. 디제잉을 목표로 했던 시절에는 상상도 못 했던 일입니다. 도시의 이점을 버리고 접근성이 낮은 지방을 선택함으로써 도시와 지방의 위계에서 벗어났습니다. 그러자 디제잉으로 성공하고 싶다는 욕구에서 벗어나 '모두의 행복'을 중심에 두는 사람으로 바뀌었습니다.

스스로 평등하지 않다고 느끼거나 편향적이고 불합리하다고 생각하는 걸 와자와자를 통해 바꾸었습니다. 일하는 방식, 돈을 받는 방식과 쓰는 방식, 인간관계도 납득할 수 있는 '등가 교환' 형태에 가까워지도록 했습니다. 그렇게 새로운 나날이 시작되었습니다.

건강한 일하는 방식이란

　우리 가게는 수제 효모로만 만든 캄파뉴와 아주 오랜 시간을 들여 발효하고 이스트를 최소한으로 쓴 식빵 위주로 판매하고 있습니다.

　지금은 빵 종류가 2종이지만 개업 초기에는 27종이었습니다. 베이글 5종, 캄파뉴, 바게트, 식빵, 단팥빵, 베이컨에피, 구움과자류까지 혼자 만들었습니다.

　당시 금요일과 토요일에만 빵을 판매해 월요일부터 구움과자를 준비하고, 금요일과 토요일에는 발효빵을 집중적으로 굽는 루틴이었습니다. 빵 종류가 다양해 준비하는

데 시간이 수월찮게 걸렸고, 주말에는 밤새우다시피 빵을 구워서 손님에게 냈습니다. 진열과 계산, 온라인 주문까지 혼자서 도맡다 보니 영업이 끝나면 녹초가 되곤 했습니다.

주변에 빵집이 별로 없었던 이유도 한몫했는데 입소문을 타면서 손님이 늘었습니다. 빵이 팔리는 게 좋아서 피곤한지도 모른 채 접객도 정성스럽게 했습니다. 그러면 다음 주에도 우리 가게의 문을 두드려줄 거라 믿어서입니다. 손님들이 좋아하는 모습은 큰 보람이었고, 동기부여가 되었습니다.

이 많은 일을 혼자 하는 건 역부족이었는데 그 사실을 한동안 깨닫지 못했습니다.

한번 무언가에 몰입하면 철저히 해야 직성이 풀리는 성격이라 빵 제조와 판매는 물론 전단지를 디자인하고 배포하는 것까지 혼자 했습니다. 몸은 피곤했지만, 마음은 즐거워서 한계에 도달한 걸 알지 못했습니다.

팝업 매장에 출점하러 가는 어느 날 아침에 쓰러지고 말았습니다. 잠깐만 누웠다가 일어나야지 했는데 기억이 나질 않았습니다.

깨어보니 주방 바닥이었고, 다행히 가족이 발견한 후

였습니다. 아주 잠깐 잠들었을 뿐인데 마치 강제로 종료 스위치가 눌린 것 같았습니다.

그제야 과로한 사실을 알고 이렇게 하면 안 되는구나 싶었습니다. 개업 초기의 콘셉트는 '건강한 생활을 가능하면 강요하지 않는 형태로 제공하자'였는데, 정작 나 자신은 건강한 생활을 하고 있는지 자문하게 되었습니다.

실제로는 과도한 노동으로 건강뿐 아니라 주변 사람들에게 폐를 끼치고 있었습니다. 일하는 방식을 바꿔야 했습니다. 건강한 일하는 방식, 즉 '일의 양'과 '얻는 돈'의 등가 교환이 필요한 시점이었습니다.

생산량을 유지하면서도 노동 시간을 줄이기 위해 빵 종류를 줄이기로 했습니다. 종류를 줄이면 그만큼 작업이 단순해져 같은 양을 만들더라도 노동 부담이 크게 줄어듭니다. 27종을 혼자 굽는 건 애초부터 무리였습니다.

가격 책정 방식도 변경했습니다. 혼자 일하다 보니 인건비 개념이 약했고, 재료 원가만 비용으로 계산했습니다. 그렇게 했더니 빵이 팔려도 이익이 나지 않았습니다. 가게 운영을 배운 적이 없어 원가를 계산하는 법조차 몰랐던 겁니다.

이건 아니다 싶어 중간에 빵값을 인상했습니다. 외식업은 박리다매가 아니면 성립하기 힘듭니다. 이 구조가 아이러니하게도 노동 환경을 열악하게 하고 있었습니다. 빵은 객단가가 낮습니다. 아무리 열심히 일해도 한 주에 3만 엔 정도밖에 벌지 못하다니 잘못되어도 무언가 한참 잘못되었죠.

그 후 일용품 판매에 힘을 기울이게 된 것도 노동집약적인 빵 외의 매출을 만들고 싶어서입니다. 일용품은 상하지 않으며, 재고만 확보하면 판매 기회가 생깁니다.

빵을 만드는 방법도 고민했습니다. 오픈 시간에 맞춰 갓 구운 빵을 제공하려면 새벽부터 밑작업을 해야 합니다. 밤에는 충분히 자고 아침에 준비할 수 있는 제조법이 있다면 지속 가능한 일하는 방식이 될 겁니다. 그래서 빵 제조법을 근본적으로 바꾸기로 했습니다.

'작업 사이클에 맞춘 제조법을 고안하는 것'이 가장 어려웠습니다. 하지만 빵집이란 이런 것이라는 고정관념을 바꾸지 않으면 건강하게 가게를 운영할 수 없습니다.

생산 일정을 제 생활 패턴에 맞추고, 사람다운 생활을 하는 걸 목표로 삼기로 했습니다. 빵집을 해본 적이 없어서 되레 가능한 일이 아닐까 싶었습니다. 그런 생각이 당시의 저를 움직였습니다.

천연효모빵은 일반적으로 일곱 시간 정도 발효를 거쳐야 합니다. 오전 열 시에 오픈하려면 새벽 세 시에, 오전 아홉 시에 오픈하려면 새벽 두 시에는 일어나야 한다는 계산이 나옵니다. 빵집은 이런 비정상적인 근무가 필연적입니다.

대형 반죽기와 발효기 같은 설비에 투자할 수도 있지만 '작은 빵집'에는 맞지 않습니다. 냉동 반죽을 사용해 영업시간 전에 굽기만 하는 곳도 있지만 제가 원하는 맛과 건강과는 맞지 않아서 선택하지 않았습니다.

손님의 요구를 충족하면서 작업자인 나도 인간다운 생활을 하고 싶었습니다. 그 생각을 포기할 수 없어 어떻게든 양립할 방법을 모색했습니다.

아침 다섯 시에 일어나 저녁에 문을 닫는 게 가장 이상적입니다. 그러려면 발효를 스물네 시간 사이클로 해야 합니다. 아침 다섯 시에 일어나 준비한 반죽을 다음 날 아침 다섯 시부터 굽는 사이클입니다.

그러나 매우 어려운 일입니다. 발효빵 관련 책을 읽어

봐도 그런 제조법을 다룬 내용은 찾아보기 힘들었습니다. 지금이야 '이스트를 소량 사용해 장시간 발효하는 방법'을 다룬 베이킹 책이 많지만, 당시에는 참고할 만한 게 거의 없었습니다.

여러 책에서 발효 과정을 조사하고, 해외 원서까지 직접 번역하는 등 제조법을 찾아보았습니다. 여러 자료를 바탕으로 실험에 실험을 반복한 결과, 겨우 스물네 시간 발효 제조법이 가능해졌습니다. 지금도 그 제조법으로 빵을 만들고 있지만, 이 제조법을 고안하는 단계가 가장 힘들면서도 가장 재미있었습니다.

만약 제가 빵집에서 일한 경험이 있었다면 업계 상식이 머리에 박혀 빵집이란 이런 것이라는 사고방식에서 벗어나기 어려웠을 겁니다.

기존의 상식과 편견에 맞서 어떻게 해야 할지 궁리하는 것을 우직하게 반복하고, 가격과 제조법을 새롭게 한 이후로는 밤에 자고 아침에 일어나는 평범한 라이프스타일을 유지하고 있습니다.

그렇게 일하는 방식을 바꾸자, 손님들에게도 변화를 요구하게 되었습니다. 처음에는 여러 가지 말을 들었습니다. 빵 종류는 줄고, 가격은 오르니 불만을 토로하는 사람도 있었습니다. 하지만 바꾼 방식대로 하지 않으면 제가 지치고 맙니다.

빵집 주인의 건강이 무너진다면 맛있는 빵을 만들 수 없습니다. 마음과 몸이 건강해야만 손님의 행복을 추구할 수 있습니다. 그로 인해 떠나거나 이해하지 못하는 손님들은 어쩔 수 없다, 우리 가게와 맞지 않을 뿐이라고 여기기로 했습니다.

이 부분은 빵집뿐 아니라 어떤 직업이든 마찬가지입니다. 무엇보다 작업자의 몸과 마음을 가장 우선시해야 합니다. 몸과 마음이 모두 건강해야 좋은 일을 할 수 있습니다. 지금도 건강하게 일하는 방식을 실현하기 위해 철저하게 머리와 몸을 일치시키려고 노력합니다.

어디서 어떻게
팔 것인가

    가게를 운영하려면 '어디서 어떻게 팔 것인가', '무엇을 팔 것인가', '누구에게 팔 것인가'를 고민해야 합니다. 가게뿐 아니라 다른 비즈니스에도 적용할 수 있습니다.

    자영업을 하지 않는 사람들은 '난 어디서 어떻게 돈을 벌 것인가', '난 무엇을 돈으로 바꿀 것인가', '난 누구로부터 돈을 받을 것인가'로 바꿔 생각하면 조금 더 쉽게 이해할 수 있습니다.

    장소와 방법, 상품, 손님의 조합을 신중히 생각해야 합니다. 그리고 가게 또는 자신이 성장하는 단계에 맞춰 운영 방식을 꾸준히 업그레이드해야 가게 또는 자신 주위에 사람들이 계속 모입니다.

'장소'부터 다뤄보겠습니다. 전 물건을 파는 장소를 '플랫폼'이라고 생각합니다. 플랫폼이란 컴퓨터의 '기반'을 의미하는 말이지만 우리 빵집은 그 기반을 여러 번 바꿔왔습니다. 플랫폼에 얽매이지 않고, 대담하게 기반을 바꾸고 나서 도약할 수 있었습니다.

가게를 처음 열 때는 가능한 한 유동 인구가 많은 곳에 자리 잡아야 한다고 생각했습니다.

아이러니하게도 와자와자는 사람이 거의 다니지 않는 산 위에 자리를 잡았습니다. 산 위에 가게를 연다는 건 와자와자를 아는 사람만 찾아올 수 있다는 의미입니다. 우연히 지나는 사람이 가게에 오는 경우는 거의 없으니, 손님이 스스로 가게로 발걸음하게 해야 했죠.

와자와자에서 판매하는 물건은 조금 독특하고, 사람들에게 보편적으로 인기 있는 아이템이 아닙니다. 그래서 찾고 있었지만 발견하지 못한 것을 드디어 여기서 찾았다는 기쁨을 느끼며 일부러 찾아오는 이미지를 그렸습니다. 거기에 빼어난 경치까지 더해진다면 손님에게 잊지 못할 경험을 안겨줄 거라고 믿었습니다.

이제 플랫폼이 변천하는 과정부터 평범한 주부가 시작한 와자와자의 성장 스토리까지 풀어보겠습니다.

와자와자의 시작은 이동 판매에서 비롯되었습니다. 가능한 한 초기 비용을 줄이고, 언젠가 산 위에 가게를 낼 때를 대비해 여러 장소를 다니면서 입소문을 내야 한다고 판단했습니다.

가게를 임대하면 매달 임대료를 내야 하지만, 이동 판매라면 그날의 비용만 듭니다. 게다가 아이를 유치원에 맡긴 시간에만 움직일 수 있어 가게를 빌리는 건 비효율적이라 이동 판매를 할 장소를 찾았습니다.

처음에는 사람들이 모일 만한 아동센터나 요가교실 등을 찾아다녔습니다. 그렇게 해보았더니 그날 그 장소에 오는 사람으로 손님이 한정되었습니다. 조금 더 많은 사람이 찾아오게 하려면 어떻게 해야 할까요?

실물 매장이 없더라도 한 장소에서 고정 판매를 하기 위해 정기적으로 임대할 만한 장소를 물색했습니다. 그러던 중 나가노현 코모로시 관광안내소와 주민센터를 겸한 시설을 발견했습니다. 100년 정도 된 이곳은 서예교실이나

도예전시회 등 평생교육 발표 장소로 쓰이는 건물이었습니다. 시간당 몇백 엔이라는 파격가에 공간을 빌려주고 있었습니다.

바로 여기다 싶었지만, 상업적인 용도로 이용한 전례가 없어 담당자가 난색을 표했습니다. 포기하지 않고 이용료가 비싸도 괜찮고, 매주 이용할 테니 빵집을 하게 해달라고 부탁했습니다. 결국 담당자의 허락을 끌어냈고, 그곳에서 약 다섯 달 동안 빵집을 열었습니다.

결정되자마자 판매 개시를 알리는 전단지와 포스터를 만들어 붙였습니다. 블로그를 개설하고, 빵 굽는 모습이나 준비 과정을 공개하며 나름대로 홍보했습니다. 이 방식은 디제이 시절 공연을 홍보하던 데서 힌트를 얻었습니다.

예전의 노하우를 총동원해 매주 가게 문을 열었습니다. 입소문을 타자 방문객이 하나둘 모여들었고 단골손님이 생기면서 순조롭게 매출이 늘었습니다. 개업한 직후인 3월부터 5월까지는 일단 순항을 했습니다. 출발이 아주 좋았습니다.

6월이 되자 갑자기 손님의 발길이 뚝 끊어졌습니다. 당황했습니다. 어느 날 갑자기 왜 손님이 줄어들었을까요?

혹시 손님들에게 실수한 건 아닌지 불안에 휩싸였습니다. 빵이 많이 남아도니 처치하기 곤란해졌습니다. 아무리 홍보를 해도 6월에서 8월까지 매출은 꿈쩍도 하지 않았습니다.

만든 빵을 버리는 게 싫어서 지인들에게 나눠주기도 했습니다. 하지만 이건 친구들에게 부탁해서 공연에 와달라고 하는 디제이 시절의 아주 싫었던 방식과 똑같았습니다. 같은 잘못을 반복해서는 안 되겠다 싶어 9월에 철수를 결정했습니다.

시간이 조금 더 흐른 뒤 장마철이면 빵에 대한 식욕이 줄어들고, 제빵 업계가 전반적으로 매출이 부진하다는 사실을 알았습니다. 아무래도 여름엔 소면이나 메밀국수처럼 목 넘김이 편안한 음식을 선호하게 마련이죠.

당시에는 이런 통념조차 몰라서 일희일비하며 무엇이 잘못되었는지, 할 수 있는 일은 하고 있는지 자문자답하면서 개선할 부분을 고민했습니다.

이 경험이 자택 매장을 여는 계기가 되었습니다. 손님이 언제 올지 모르는데 차로 부지런히 상품을 판매장까지 운반하는 일이 무슨 의미가 있을까요? 차라리 집을 가게로 바꾸는 게 더 효율적입니다. 그즈음 와자와자의 인지도도 조금씩 높아졌습니다.

안 되면 그만두면 된다는 가벼운 마음으로 시작한 빵집인 데다 매출 부진의 고통도 경험했지만 이동 판매를 하면서 겪은 보람은 큰 수확이었습니다.

빵이 잘 팔려 사람들이 맛있게 먹어주고, 당일 생산한 빵이 완판된 후 재방문하는 손님이 있어 기뻤습니다. 덕분에 빵집을 운영할 수 있는 동기부여가 되었습니다. 이렇게 판매 장소를 집으로 옮겼습니다.

개업 후 반년 동안은 그간 모은 돈을 빵집에 쏟아부었습니다. 우리 집은 기차역이나 교통수단이 없는 외진 곳에 있습니다. 이동 판매를 해보지 않았다면 이런 선택지를 고르지 않았을 겁니다.

도쿄의 파머스 마켓에도 참가했습니다. 이동 판매를 하는 동안 이 일이 얼마나 힘든지 절감했기 때문에 매출이 나올 만한 장소를 목표로 삼고, 이익이 날 장소만 선택하자는 전략을 세웠습니다.

마침 도쿄에 팝업 시장인 마르쉐가 유행했습니다. 아오야마나 히비야 등의 마르쉐를 둘러본 후 우리 빵집과 분위기에 어울리는 아오야마에 있는 국제유엔대학교 앞 마르쉐에 신청서를 넣었습니다. 첫 마르쉐 출점이었죠.

도쿄의 마르쉐에 출점한 이유는 대도시인 도쿄 사람들에게 알려야 온라인 스토어의 매출이 오를 거라고 판단해서입니다. 처음부터 자택 매장만 한정해 판매하는 전략은 무리가 있다고 생각했습니다.

산속에 있는 실물 매장만으로는 실제로 찾아오는 손님 수도, 매출도 한정적일 수밖에 없습니다. 그래서 2009년 9월 판매 장소를 집으로 옮겼을 때 온라인 스토어도 시작했습니다. 이로써 두 가지 판매 채널을 갖추게 되었습니다.

마르쉐는 사람들에게 우리 빵집을 알리는 게 가장 중요합니다. 전단지를 충분히 준비해서 홍보하는 건 물론 가게를 돋보이게 진열 방식도 세심하게 설계했습니다.

단순히 '유기농'이나 '건강'을 지향하는 것으로는 개성과 임팩트가 부족해 주변의 다른 가게에 묻힐 수 있습니다. 디스플레이가 손님들 눈에 띈다면 언론 매체가 취재할 가능성이 높습니다.

마르쉐에 출점한 후 한 달간 어느 잡지사로부터든 취

재받는 걸 목표로 삼고, 그 목표를 달성하면 출점을 그만두기로 했습니다.

그 후 슈후노토모샤주부의벗사 기자로부터 연락을 받았고, 무크지에 여섯 페이지에 걸친 기사로 다뤄졌습니다. 두 달 만에 목표를 달성하자마자 출점을 과감히 멈췄습니다. 대신 온라인 스토어로 플랫폼을 옮겼습니다.

아오야마에 출점했던 시기에 하루 매출이 15만 엔 정도였는데, 당시 나가노 매장의 다섯 배 정도에 해당하는 것이었습니다. 매주 방문하는 단골이 생긴 것으로 보아 확실히 팬층이 늘고 있다는 느낌을 받았습니다.

이 매출이 아쉽기는 했지만, 애초 목적은 도쿄 사람들에게 우리 빵집을 알려서 온라인 스토어로 유도하는 데 있었습니다. 아무튼 목표를 달성했으니, 출점을 그만두는 게 옳다고 생각했습니다.

만드는 장소와 파는 장소의 거리가 꽤 있어서 건강한 일하는 방식을 위해서라도 일시적으로만 해야 했습니다. 또 인기가 있을 때 출점을 그만두는 게 좋다고 판단했습니다. 신선함이 떨어지면 관심도도 낮아지게 마련이죠.

다시 출점하지 않는다는 계획만으로도 우리 빵집의

가치를 높일 수 있습니다. 진짜로 재출점하지 않는 게 확실해지면 온라인 스토어에서 우리 빵을 구매할 수밖에 없습니다. 이렇게 해서 와자와자로 가는 길을 한 방향으로 모았습니다. 산 위에서 살아남은 전략입니다.

그 후 온라인 스토어의 매출은 급증했습니다. 지금도 와자와자의 아이덴티티인 '일부러 와주셔서 고맙습니다'를 지키기 위해 단발성 출점은 산 위에 있는 가게로 찾아오는 흐름을 방해하지 않을 때만 하기로 했습니다.

2011년 3월 동일본 대지진이 발생했습니다. 이를 계기로 집 앞이 아닌 집 옆에 매장을 짓기로 했습니다. 하나의 에너지원에만 의존하지 않는 방법을 만들고 싶어서입니다. 가스 오븐만 있는 경우 재난이 발생해 가스 공급이 멈추면 빵을 구울 수 없습니다.

그러니 가스 오븐과 장작 오븐을 모두 갖춰 에너지 선택지를 늘리면 됩니다. 장작 오븐은 오래전부터 써보고 싶었습니다. 장작 오븐으로 빵을 구우면 노동 부담이 늘어나 작업자가 힘들어질 게 뻔합니다. 자료를 조사해 적은 장작으로 연소 효율이 좋은 로켓 스토브를 찾았습니다. 그 원리를 도입한 장작 오븐을 개발하기로 했습니다.

장작 오븐을 만들려면 공간이 부족해 실제 매장이 필요했습니다. 장작 오븐과 실제 매장은 동일본 대지진이 발생하기 이전부터 생각만 하고 실행에 옮기지 못하고 있었는데 드디어 행동으로 옮겼습니다.

1년 후인 2012년 3월에 실제 매장을 리뉴얼해 오픈했습니다. 이전보다 더 많은 손님이 가게 문을 넘어섰습니다. 한편으로 온라인 스토어도 꾸준히 개선했습니다. 이렇게 플랫폼을 바꿔가며 재고를 더 많이 보관할 창고도 확장했습니다.

일반적으로 매장을 교체하는 일은 리스크를 동반합니다. 그래서 많은 가게나 기업은 이 선택지를 고려하지 않습니다. 세븐일레븐 창업자 스즈키 토시후미의 생각은 달랐습니다. 세븐일레븐은 특정 지역에 집중 출점하는 '도미넌트 전략'이나 같은 지역 또는 새로운 지역에 출점할 때 기존 매장을 없애고 재정비하는 '스크랩 앤 빌드' 전략을 채택하는 것으로 유명합니다.

매장을 과감히 없애고 신규 점포를 열어 품질을 끌어올리는 방식입니다. 환경 비용 등을 고려하면 하고 싶지 않지만, 경영 관점에서 배울 점이 있었습니다. 그래서 비슷한 시각으로 생각해보았습니다.

    이동 판매 → 집 앞 + 마르쉐 → 실제 매장 + 온라인 스토어

이렇게 와자와자는 성장에 맞춰 옷을 갈아입듯이 플랫폼, 즉 '판매 장소'를 바꿔왔습니다.

단계마다 적절한 장소로 이동해 낭비를 줄이고, 매출 한계를 높이며, 새로운 손님과 만나고, 작업자인 저의 스트레스도 줄여나갔습니다. 이런 선택들이 성장이라는 형태로 돌아왔다고 생각합니다.

무엇을 팔 것인가

　와자와자는 현재 캄파뉴와 식빵, 직접 써보고 평이 좋은 생활용품과 오리지널 상품 약 2,500종을 판매하고 있습니다. 개업 초기에는 27종에 달하는 빵과 과자를 구워 판매했는데, 지금은 상품 라인업이 완전히 달라졌습니다.

　왜 판매하는 상품이 바뀌었을까요? 이유 중 하나는 '효율화'입니다. 혼자서 빵 27종을 굽는 건 비효율적입니다. 적은 노동력으로 생산량을 늘리기 위해 빵 종류를 줄이고 가격을 인상했습니다. 개업 후 노동 시간이 점점 늘어나고, 일에 지치는 날이 많아 조금 더 많은 자유 시간과 가족과의 시간이 필요했습니다.

빵 종류를 줄인 또 다른 이유는 작업자의 건강과 손님의 건강을 지키기 위해서입니다. 처음에 초코빵을 만들었습니다. 코코아 반죽에 유기농 초콜릿과 오렌지 필을 넣은 빵인데 인기가 좋았습니다.

어떤 손님이 매장을 방문할 때마다 이 초코빵을 매대에서 고르는 모습을 보았습니다. 한 번에 5개나 10개씩 빵 쟁반에 담았습니다. 그런데 시간이 지날수록 그 손님의 체형이 풍만해지더니 1년 후에는 눈에 띄게 달라졌습니다. 우리 빵을 먹고 그 손님이 살이 찌는 건 아닌지 궁금해 용기를 내서 물어보았습니다.

"손님, 이 초코빵을 언제 드시나요?"

"냉동해두었다가 회사에서 도시락을 먹은 후에 먹고 있어요."

매일 식후 디저트로 초코빵을 먹고 있다는 사실에 충격을 받은 나머지 눈이 휘둥그레졌습니다.

"내일부터 초코빵을 굽지 않으려고 합니다."

"네?"

"그렇게 먹으면 건강에 좋지 않아요. 빵이 있어서 먹을 수밖에 없다면 제가 아예 굽지 않으면 되죠."

자신이 만든 빵이 건강에 해롭다며 팔지 않는 빵집이라니 말이 안 되긴 하지만, 제가 만든 빵이 누군가의 건강을 해칠 수 있다는 사실을 받아들일 수 없었습니다.

건강에 좋은 빵을 굽고 있는데도 단골손님의 체형이 점점 변했습니다. 작업자인 전 정작 달콤한 빵을 먹지 않으면서 '인기 상품'이라는 이유만으로 판매하고 있었죠. 과도한 노동으로 제 몸도 상하고, 남의 몸도 해치고 있는데 그 속에 과연 행복이 있을까요?

그때 우리 빵은 디저트 빵이 아니라 식사 빵이라는 인식을 명확히 하게 되었습니다. 그러고 나서 상품을 식사용 빵 2종으로 줄이기로 했습니다. 식사용 빵만 굽는다고 선언하자 손님은 눈에 띄게 줄었습니다. 개업 초부터 우리 빵집을 찾던 손님들은 금세 찾아보기 힘들 정도였죠.

그래도 공감하는 사람들이 어딘가에 있을 거라 믿었습니다. 빵 2종의 품질을 높이는 데 집중하며, 그 과정을 소셜미디어에 공유하고 알리는 데 주력했습니다.

현재 판매하는 식빵은 국산 밀에 양질의 부재료를 엄선해 불필요한 건 최대한 줄였습니다. 이스트를 소량 사용해 스물네 시간 발효하고, 밀가루 고유의 단맛을 끌어내는 제조법으로 가스 오븐에 굽고 있습니다. 캄파뉴 역시 국산 밀에 자체 발효한 밀 효모로 스물네 시간 발효하고 장작 오븐에서 구워냅니다.

이렇게 대조적인 빵 2종을 만들면서 제조 공정을 효율화한 결과 더 맛있는 빵을 더 많이 구울 수 있게 되었습니다. 이제는 전국에서 손님들이 찾아와 빵 2종을 소중히 구매합니다. 빵을 2종만 판매한 직후에는 손님이 줄어 매출이 급감했습니다.

1년 정도의 시간이 흐르자, 매출은 회복세로 돌아섰습니다. 2013년에는 연 매출이 1,000만 엔을 넘었고, 2014년부터 두 배씩 성장했습니다. 결과적으로 빵의 종수를 줄이는 전략은 대성공이었습니다.

초코빵을 구매하던 그 손님은 이후에도 단골로 남아 주었습니다. 말할 수 없이 기쁜 나머지 고마운 마음이 가슴속에 가득 찼습니다. 이것이 바로 내가 찾던 '무엇을 팔 것인가'에 대한 답입니다.

아무래도 빵만으로는 매출이 한계가 있었습니다. 개업한 지 반년 만에 이동 판매를 접고, 집 앞에서 매장을 열

없을 때쯤 일용품을 취급하기로 했습니다. 이동 판매로 번 자금으로 일용품을 들여왔습니다. 이때부터 와자와자는 '빵집'에서 '빵과 일용품 가게'로 변했습니다.

일용품을 취급한 이유는 개업한 직후 빵은 객단가가 낮다는 걸 절감해서이며 손님들에게도 도움이 되고 싶어서입니다. 개업하기 전에는 빵은 가격이 저렴하고 매일 먹을 수 있으니, 손님층이 매우 넓다는 점에 매력을 느꼈지만 실제로 팔아보니 훨씬 힘들었습니다.

외식업과 제과업의 낮은 수익 구조가 노동 환경을 악화시킨다는 걸 실감했고, 일에 대한 정당한 대가를 받지 못하는 현실에 지쳐갔습니다.

그렇다면 어떻게 해야 할지 고민한 끝에 일용품 판매를 강화했습니다. 빵을 사는 김에 일상에서 쓰는 물건을 함께 구매할 수 있다면 손님들에게도 좋을 거라고 판단했습니다.

처음에는 애용하는 아이템 위주로 한정했습니다. 가게 매대에 있는 건 모두 제가 먹어봤거나 써본 아이템입니다. 그래서 손님이 어떤 질문을 하든 막힘없이 설명했죠. 이 제품은 이런 맛이고, 이 제품은 이런 느낌이고 쓰다 보면 이렇게 변한다고 실물을 보여주기도 했습니다.

이런 점이 손님들에게 설득력이 있었나 봅니다. 언제나처럼 방문하는 손님을 친구처럼 맞이했고, 매대에 진열한 어떤 아이템이든 손님에게 자신 있게 추천할 수 있었습니다! 처음부터 일용품 판매도 순조로웠습니다.

그러자 품목을 늘려 애용하는 것과 다른 '좋은 물건'을 팔고 싶어졌습니다. '쓰레기가 되지 않고, 오래 쓸 수 있는 물건'을 기준으로 선정했습니다.

디앤디파트먼트 D&DEPARTMENT는 지역성과 지속 가능한 좋은 디자인을 널리 알리는 사업을 합니다. 이 브랜드를 처음 발견했을 때, 비슷한 생각으로 물건을 고르는 사람이 있다는 점에 감동했습니다.

광고를 싣지 않는 잡지 〈쿠라시노테쵸우 삶의수첩〉로부터도 영향을 받았습니다. 이 여성 잡지의 편집부가 보여준 제조사에 영합하지 않는 공정한 상품 테스트와 독자를 위해 가장 좋은 것이 무엇인지 고민하는 태도에 깊은 감명을 받았습니다.

이렇게 손으로 직접 만져보며 물건을 들여오고 판매했습니다. 하지만 초기에는 좋은 물건이 무엇인지 정확히 말로 설명하지 못했습니다. 이 시기부터 오랫동안 사람들에게 사랑받는 물건이란 어떤 것인지에 대한 고민을 진지하게 했습니다.

나가노현에 자리한 네바주쿠와의 만남은 잊을 수 없습니다. 색소·향료·보존제 등을 사용하지 않은 네바주쿠의 무첨가 고형 비누를 우리 매장에 진열하고 싶어서 2009년에 카사하라 신이치를 만났습니다. 당시 창업자와 나눈 대화는 이후 경영관에 깊은 영향을 끼쳤습니다.

네바주쿠는 1978년 2월 한 복지시설에서 장애인 2명을 데려와 그들의 경제적 자립을 목표로 설립한 곳입니다. 카사하라는 샐러리맨을 거쳐 복지시설에서 일하다가 네바주쿠를 만들었습니다. 창업 과정을 듣고, 공장을 견학하며 적지 않은 충격을 받았습니다.

복지시설은 행정 보조금으로 운영하는데 그 시설에 있는 사람들은 대부분 지원과 보호를 받으며 생활합니다. 네바주쿠는 달랐습니다. 장애인이 바라는 평범한 생활, 즉 스스로 일하고 받은 수입으로 생활하는 삶을 회사가 지원하고 있었습니다.

겉으로 보기에 네바주쿠는 일반적인 비누회사입니다.

복지 측면을 모르고 비누 질이 좋다는 이유로 OEM 주문을 하는 경우도 많습니다. 이 회사가 사회적으로 자립하고 있다는 증거입니다. 복지로서가 아니라 순수하게 비누 품질이 뛰어나 선택받은 겁니다.

"소모품이라는 게 중요합니다. 쓰면 꼭 없어지는 상품이 중요한데, 고객은 써보고 좋으면 반복해서 재구매하죠."

사용하면 없어지는 것과 사용하고 싶을 만큼 좋은 품질, 이 두 가지를 충족하지 않으면 사업을 지속할 수 없다고 창업자는 덧붙였습니다.

그 말을 듣는 순간 빵도 마찬가지라는 데 생각이 미쳤습니다. 먹고 나면 없어지고, 맛있으면 다시 먹고 싶어지는 것. 그 반복입니다. 빵 외에도 그런 일용품은 많습니다. 된장, 간장, 소금, 양말, 속옷 등이 그렇습니다. 덕분에 사람이 생활하는 데 꼭 필요하고 반복해서 쓰는 걸 모아서 판매하는 게 하고 싶은 일이라는 걸 알았습니다.

카사하라 신이치는 유명을 달리했지만 지금도 우리는 네바주쿠 제품을 들여와 판매합니다. 자신 있게 추천할 수 있는 '좋은 물건'이니까요. 그때 배운 깨달음을 지금도 소중히 간직하며, 빵과 일용품 가게를 운영하고 있습니다.

누구에게
팔 것인가

　마지막은 '손님'에 관한 이야기입니다. 단지 상품이 팔리기만 하면 그걸로 끝이라고 생각지 않습니다. 어떤 손님이 상품을 구매했으면 좋은지, 어떤 방식으로 구매했으면 좋은지 항상 고민합니다. 가게를 운영할 때는 '누구에게 팔고 싶은지'도 중요합니다.

　개업한 지 얼마 되지 않아 이동 판매를 할 때 일입니다. 가까운 간호학교에 다니는 여학생이 매주 1,600엔 정도 하는 무화과 캄파뉴를 한 덩어리씩 사 갔습니다. 열여덟 살 고등학생에게는 약간 비싸서 실례를 무릅쓰고 물어보았습니다.

"이렇게 비싼 빵을 매주 사도 괜찮은가요?"

"밤에 이자카야에서 아르바이트를 해서 괜찮아요. 이 캄파뉴를 자른 다음 홍차와 함께 학교에 가져가서 점심으로 먹어요. 외식보다 훨씬 저렴하거든요."

하지만 일주일 동안 먹으면 캄파뉴는 딱딱해집니다.

"시간이 지나면 캄파뉴 맛이 없지 않나요?"

"음, 딱딱해진 캄파뉴를 먹는 걸 좋아해요."

웃어 보이는 여고생을 보며 1,600엔을 지불할 가치가 있는 빵을 만들고 있다는 기분이 들어 기뻤습니다.

여학생과 나눈 대화는 큰 힘이 되었습니다. 사람들과 의사소통하는 게 서툴러서입니다.

전 세상 이슈나 사소한 이야기를 자연스럽게 못 하는 편입니다. 상품 설명이라면 얼마든지 할 수 있지만 그런 의사소통을 원하지 않는 손님들에게 전 무뚝뚝한 점원으로 비쳤을 겁니다. 지금도 마찬가지고요.

그런 제게 '돈'이 개입된 의사소통은 매우 편했습니다. 우리 가게에 여러 번 오는 사람이 있다면 우리 빵이 맛있거나 좋아한다는 게 확실히 전해졌습니다. 말하지 않아도 결제하는 행위 자체가 그 마음을 확실하게 전해줍니다. 가게 입장에서는 가장 기쁜 일이죠.

매주 이야기만 나누고 아무것도 사지 않고 돌아가는 것보다 한 달에 한 번 조용히 돈을 내고 물건을 사 가는 게 '우리 빵을 좋아한다'거나 '우리 빵이 필요하다'는 마음이 전해집니다.

사람들과 이야기를 잘하지 못하더라도 '돈'이 의사소통 도구가 되어줍니다. 빵집을 시작하고 나서 그 사실을 몸소 느꼈고, 저도 그렇게 돈을 쓸 수 있는 사람이 되고 싶어졌습니다. '돈을 사용함으로써 이어지는 관계' 같은 손님을 일찍 만난 건 행운인지도 모르겠습니다.

하지만 소통을 하지 못했던 적도 있습니다. 아오야마 마르쉐에 출점했을 때입니다. 당시는 도쿄뿐 아니라 나가노현 마츠모토시에서 열리는 플리마켓에도 출점하고 있었습니다. 과도한 노동에 시달리던 시기였죠. 밀가루를 250킬로그램이나 주문해 혼자 빵을 만들고 있었거든요.

마츠모토 플리마켓이 열리자마자 한 시간 만에 모든 빵이 없어졌습니다. 바겐세일 현장처럼 손님들이 몰려들었고 그 많은 밀가루로 힘들게 만든 빵이 매대에서 순식간에 사라졌을 때, 기쁘다는 감정보단 허무하다는 감정이 더 강하게 들었습니다. 손님과의 소통이 없었기 때문입니다. 이런 게 소비되는 느낌이구나 싶었습니다.

한때 갤러리에서 인기 작가의 개인전을 열면 특정 사람들이 작품을 대량으로 사들이는 현상이 문제가 되곤 했습니다. 다른 사람보다 많이 소유하는 게 목적이었을까요? 그 행위는 작품 감상이 아니라 단지 '구매'와 '소유' 자체가 목적이 되어버린 모습이었습니다.

바겐세일 현장처럼 빵이 팔려나가는 것도 그와 비슷합니다. 돈이 '물건'이 아니라 '구매' 행위 그 자체로 향하고 있어 의미가 퇴색했습니다.

마츠모토 플리마켓에서 수요와 공급의 균형이 무너진 구매 방식은 아름답지 못하다는 사실을 깨달았습니다. 하고 싶은 일을 하려면 이 균형을 잘 맞춰야 합니다.

이상적인 손님은 물건과 대화하듯이 천천히 고민하고, 선택하며, 구매하는 사람들입니다. 와자와자는 그런 손님들에게 물건을 팔고 싶습니다. 덥석 구매하지 않고 빵을 여유롭게 고를 환경을 중요시한다는 말입니다. 아무래도 이 구매 방식은 상설 매장에 적합합니다.

플리마켓은 참가 자체가 목적이 되기 쉬워서 도쿄뿐 아니라 다른 곳의 출점도 그만두었습니다. 또 상품을 대량 소비하게 만드는 데 대한 죄책감이 들어 그런 구매 방식을 유도하는 구조에 최대한 거리를 두고 싶었습니다.

블로그에 '오지 마세요'라는 글을 올리기도 했습니다. 와자와자는 문을 연 이후로 취재 요청을 받아왔지만, TV 취재는 계속 거절했습니다.

이유는 단순합니다. 방송을 타면 손님이 몰려와 빵이 금방 동나고, 가게 운영이 어려워질 수 있어서입니다. 규모가 작은 가게에 손님이 몰리면 혼란을 빚을 게 뻔했습니다. 당시에는 취재에 응할 여력도 없어 홍보는 필요하지 않았습니다. 물론 여력이 있었다면 취재를 수락했을 수 있습니다.

어느 날, 한 대형 방송국에서 취재 요청이 왔을 때는 진심으로 고민했습니다. 담당 PD가 가게에 여러 번 찾아와 어쩔 수 없이 이런저런 이야기를 나누었고, 그 성의가 믿을 만하다 싶었습니다. X를 통해 팔로워들에게 TV 출연에 대한 찬반 의견을 물었고, 직원들과도 논의했습니다. 의견은 팽팽하게 나뉘었지만, 와자와자다운 내용으로 제작한다면 출연해도 괜찮다는 결론에 도달했습니다.

담당 PD에게 이메일을 보내고, 사전미팅 후에 촬영을 진행하며 우리가 만족할 만한 방식으로 제작하겠다는 답변을 받았습니다. 그래서 안심하고 취재를 수락했습니다.

막상 방영된 내용은 사전 약속과 달랐습니다. TV 프로그램은 방송하기 전에 편집본을 확인할 수 없어, 당일까지 몰랐습니다.

사전미팅 때 빵뿐 아니라 온라인 스토어에서 판매하는 일용품과 오리지널 상품도 소개해달라고 부탁했습니다. 빵만 알려지면 주문이 몰려서 빵이 부족해질 테니까요.

방송은 온통 빵 이야기로 가득 찼습니다. '빵과 일용품 가게'가 '빵집'으로만 전파를 탔습니다. 적잖이 놀랐지만, TV니까 어쩔 수 없다는 생각이 들었습니다. 담당 PD에게 화가 난다기보다는 세상 이치를 깨달은 기분이었습니다.

문제는 가게였습니다. 예상대로 가게는 마비되었습니다. 아침부터 밤까지 전화벨이 울렸고, 가게 안은 손님들로 가득 찼으며, 가게 밖까지 대기 줄이 늘어섰습니다.

손님이 한꺼번에 몰리다 보니 빵이 금방 동났습니다.

어쩔 수 없이 명절 연휴 때처럼 1인당 빵 구매 수량을 제한했습니다. 가게에 온 모든 손님이 구매하도록 하기 위해서입니다. 그렇게 하다 보니 화를 내는 손님이 생겨났습니다.

"이봐요! 일부러 멀리서 왔는데, 빵을 하나밖에 살 수 없다니 말이 돼!"

"정말 죄송합니다, 손님."

직원이 정중히 사과하며 설명했지만, 소용없었습니다.

그런 상황을 나중에 "그런 손님이라면 오지 않아도 됩니다"라는 제목을 달아 블로그에 게시했습니다.

와자와자는 와자와자만의 상식이 있고, 그 규칙에 따라 움직입니다.

'모든 것은 누군가의 행복을 위해서'가 와자와자가 지향하는 것입니다. 혼자만 많이 사서 다른 사람이 살 수 없게 되는 것보단 모두가 고루 구매하기를 바랍니다. 빵을 살 수 있는 기쁨도, 살 수 없는 슬픔도 함께 나누는 게 와자와자의 정신입니다.

이 원칙에 동의하지 않고, 직원에게 소리를 지르고 다른 손님들에게 불쾌감을 주는 사람은 오지 않았으면 좋겠습니다. 손님에게 건방진 소리를 하는 거라고 지적할 수 있지만, 손님이 가게를 선택할 수 있는 것처럼 우리 가게도 손님을 선택할 권리가 있다고 믿습니다.

오해가 없도록 덧붙이자면 와자와자를 찾는 대부분의 손님은 따뜻하고 배려심이 많습니다.

어떤 단골손님은 TV에 나왔으니 수량 제한이 걸리는 건 어쩔 수 없다며 이해해주었습니다. 힘내라고, 다음에 또 오겠다는 말도 잊지 않았죠. 처음 방문한 손님 중에 다음에는 온라인에서 사겠다는 사람이 적지 않았습니다.

이런 따뜻한 마음을 주고받다 보니 기뻤습니다. 이 경험을 통해 큰 배움을 얻었습니다. 손님들에게 불편을 끼쳤지만, 좋은 도전이었습니다.

당시 블로그의 해당 글에 대한 반응은 뜨거웠습니다. 표현이 강해서 글을 공개할 때는 조마조마했지만 쓰길 잘했나 봅니다. 직원들도 블로그에 글을 올려줘서 고맙다는 마음을 전해왔습니다.

우리 가게는 이렇다고 당당하게 원칙과 자신감을 가지고 손님을 맞이할 수 있었다는 말입니다. 어떤 업종이든 가게가 손님에게 'NO'라고 당당하게 말할 수 있는 세상이 오길 바랍니다.

이런 말을 하려면 용기가 필요하고 조마조마해지지만, 최선을 다해 대응하지 않으면 세상은 변하지 않습니다. 누군가에게 기대지 않고, 할 수 있는 일부터 하나씩 하나씩 해나가는 것. 할 수 있는 일은 그것밖에 없습니다. 그저 묵묵히 할 뿐입니다.

어디든 '자신의 방식'과 '상대의 방식'이 있습니다. 이 둘이 어긋나지 않도록 가게와 손님이 원하는 바가 일치한다면 만족도는 커지고 의사소통은 편안해질 겁니다.

어디든 있는
흔한 빵집이 좋다

가게를 운영하면 으레 손님이 찾아오기 마련입니다. 저는 대인관계가 서투르다 보니 손님과의 거리를 유지하는 게 가장 어려웠습니다.

와자와자는 끊임없이 변하고 있습니다. 작업자가 건강하게 일하는 가게, 그리고 가게를 찾는 사람들이 건강하게 지내는 걸 모토로 삼아 상품과 판매 방식도 조금씩 바꿨습니다.

와자와자가 변하면 손님도 당연히 변합니다. 개업한 후로 꾸준히 방문하는 손님도 있지만 가게는 늘 이별과 만남이 반복되는 장소이기도 합니다. 누군가는 떠나고, 또 다른 누군가가 찾아오니까요.

개업 초에는 막연히 우리 가게를 내일도 방문할 거라고 믿었던 손님이 오지 않는 상황을 견디기가 어려웠습니다. 그럴 때마다 혼자서 상처받고 불안해했습니다. 실례되는 행동을 한 건지, 빵이 별로인 건지, 건강에 이상이 생긴 건지 등.

가게를 운영하는 입장에서 손님의 행동은 그들이 가게에 올 때만 알 수 있습니다. 손님이 오지 않는 이유를 수없이 고민하고, 손님의 행동을 하나하나 되돌아보았습니다. 손님의 행동에 변화가 있을 때마다 고민하지만 정확한 원인을 파악하지는 못했습니다. 게다가 이런 고민은 건강한 고민이 아닙니다. 생각해도 알 수 없는데 생각해봐야 소용없으니까요.

어느 시점부터 손님과 일정한 거리를 유지하며 관계를 맺기로 했습니다. 돌이켜보면 저 또한 한 가게에 꾸준히 드나드는 게 쉽지 않았습니다. 가게가 변하든, 변하지 않든 유행이 지나면 자연스레 발걸음이 뜸해지기도 했거든요.

'어디든 있는 흔한 빵집이니까', '그냥 작은 가게일 뿐'이라는 인식을 가지기로 했습니다. 그중에는 아주 좋은 이별을 한 손님도 있습니다. '캐러멜 너츠 베이글의 스즈키'라고 부르던 손님은 가루이자와에 사는 70대 후반 남성입니다. 나가노현의 고원高原 리조트타운인 가루이자와에 있는 카페 직원들이 와자와자에 빵을 사러 자주 왔고, 스즈키는 그 카페의 단골손님이었습니다.

카페 직원이 나눠준 빵을 계기로 와자와자를 알게 되었다고 합니다. 스즈키는 당시 판매하던 캐러멜 너츠 베이글을 좋아해 가루이자와에서 차로 40분 이상을 달려 와자와자에 왔습니다.

"최근에 턱이 약해졌는데, 씹는 게 운동이 되고 이렇게 드라이브를 하면 기분이 좋습니다."

와자와자를 방문하기 전에 항상 미리 전화를 해주는 손님이었습니다.

"캐러멜 너츠 베이글 있나요? 10개 예약할게요."

냉동해두고 조금씩 먹다가 다 떨어지면 다시 가게에 들르곤 했습니다. 무척이나 이 베이글을 좋아하는 손님이었습니다. 그런데 빵의 종수를 줄이기로 하면서 캐러멜 너츠 베이글도 더는 만들지 않기로 했습니다. 스즈키의 얼굴이 계속 떠올랐지만, 어쩔 수 없었습니다. 그래서 스즈키에게 꼭 직접 이야기하고 싶었습니다.

"이제 캐러멜 너츠 베이글을 굽지 않기로 했습니다."

스즈키가 마지막으로 캐러멜 너츠 베이글을 사 가던 날, 주차장까지 따라가 미안한 마음을 전했습니다.

"예, 블로그 글을 종종 읽고 있어서 언젠가는 그런 날이 올 거라고 알고 있었어요."

가게와 손님 사이에는 무엇이 존재하는지 고민하곤 하지만, 이 짧은 시간 동안의 구매를 통한 소통은 손님과 신뢰 관계를 쌓을 수 있는 소중한 경험이었습니다. 이유는 제 생각을 손님이 이해하는 게 느껴졌고, 서로를 배려할 수 있어서입니다. 스즈키는 지금도 건강하게 지내는지 궁금합니다.

물론 모든 손님과 깊은 관계를 맺을 수는 없습니다. 대부분은 어느 날 갑자기 발길이 끊기곤 했고, 가게의 방향성이 바뀌어 불만이 생긴 손님들도 있었습니다. 하지만 그건 시부야 스크램블 교차로에서 누군가와 그냥 스쳐 지나가는 것과 비슷한 마음입니다. 상품과 돈을 교환하는 동안 잠시 서로 교차했을 뿐!

이해하는 손님도 있고, 그대로 돌아서는 손님도 있습니다. 그럴 수 있다고 자신에게 되뇌었습니다. 마음에 상처를 입지 않도록 스스로 보호했나 봅니다. 이런 식으로 손님과의 거리감을 고민하고 있을 때, 가나가와현 가마쿠라 안내 책자에서 어느 카페에 관한 글을 보았습니다.

"주인은 언제나 같은 곳에서 손님을 기다린다. 손님은 마치 참배하듯이 정기적으로 가게를 찾아온다. 주인이 방황하고 청소도 하지 않고 노력하지 않으면, 손님도 참배에서 얻는 보람을 느끼지 못하고 오지 않게 될 것이다."

그 글을 읽자마자 이거다 싶었습니다. 저도 사람이 아닌 지장보살이 되기로 했습니다. 인간관계에서는 어쩔 수 없이 간섭하거나 기대하게 됩니다. 왜 이렇게 해주지 않는지, 전에는 이랬는데 왜 지금은 아닌지 등.

제가 지장보살이 되면 과도하게 감정을 쏟아 상처받을 일이 없을 겁니다. 가게를 지키는 지장보살이 되어 참배하러 오는 손님을 기다리기만 하면 됩니다. 그런 거리감이 가장 좋겠다는 데 생각이 이르렀습니다.

제가 좋아하는 가게도 대부분 그런 곳입니다. 오랜 단골 식당이나 카페 주인들은 저의 사적인 영역에 발을 들여

놓지 않았습니다. 이런 정도의 대화만 나눕니다.

"안녕하세요, 무덥네요. 건강 조심하세요."

"예, 오늘도 잘 먹었습니다."

최근에 오랜 단골집에 들렀다가 코로나19로 손님이 줄어 힘들겠다는 데 생각이 미쳤습니다.

"사장님, 잔돈은 괜찮습니다."

"그래도 받으셔야죠."

상대방이 마음 상하지 않게 부드러운 어조로 잔돈을 돌려주는 주인장을 보며 오랜 세월을 다녔어도, 넘지 말아야 할 선을 지키고 있다는 생각이 들었습니다. 그 선이야말로 정말 소중하고, 잃어서는 안 되는 것이지 않을까요?

개인적인 감정의 연결 고리는 없어도 그곳의 음식이 맛있어서, 서비스나 공간이 마음에 들어서 다시 찾습니다. 그런 등가 교환이 왠지 편하고 좋습니다.

서로에게 의존하지 않고 각자 자립하는 관계, 그리고 선을 넘지 않는 관계. 해야 할 일을 묵묵히 잘 해내고, 가게를 매일 정성껏 가꾸며, 올지 안 올지 모르는 손님을 조용히 기다립니다. 그러곤 지장보살처럼 손님을 맞이합니다. 언제까지나 그런 가게로 남고 싶습니다.

우리만의
보통을 지키다

　불편함이나 위화감 없이 일을 계속하려면 최소한 생활 습관이 규칙적이어야 건강을 유지할 수 있습니다. 기본적으로 무리하지 않고 장시간 노동을 하지 않아야 합니다. 이것을 와자와자의 보통으로 여기기로 했습니다. 보통의 일을 보통으로 하자는 것입니다.

　세상에는 장시간 노동과 저임금, 불규칙한 생활을 보통으로 여기는 직장이 많습니다. 경영 자체가 그 전제를 바탕으로 성립하기 때문입니다.

　이를테면 빵집이나 음식점은 재료가 필요하고, 재료를

사려면 돈이 듭니다. 그리고 재료를 바탕으로 사람이 제품을 만듭니다. 제품 가격을 일정하게 유지하면서 이익을 내려면 재료비와 인건비 중 어느 하나를 줄여야 합니다.

재료비를 줄이면 어떻게 될까요? 빵의 주재료인 밀가루를 예로 들어보겠습니다. 수입 밀가루와 국산 밀가루는 두 배 이상 차이가 납니다. 국산이 훨씬 비싸죠.

일상에서 흔히 쓰는 조미료인 간장도 마찬가지입니다. 국산 대두, 밀, 천연소금으로 만든 간장과 탈지대두에 알코올, 아미노산, 당분 등을 첨가한 간장은 재료비가 몇 배 정도 차이 납니다. 재료의 차이는 완성 상품의 품질 차이로 이어질 수밖에 없습니다.

인건비를 줄이면 어떨까요? 빵집이나 음식점에서는 견습생이라는 명목 아래 열악한 조건에서 일하기도 합니다. 초과 근무 수당도 없이 장시간 노동이 일상이죠. 재료비를 줄이면 품질에 차질이 빚어지므로 인건비를 줄입니다. 이런 구조인데 서비스업에 종사하고 싶어 하는 사람들이 줄어드는 건 어쩌면 당연하지 않을까요?

독립상점이나 프리랜서도 마찬가지입니다. 혼자서 시간과 몸을 혹사하며 장시간 노동으로 생산량과 매출을 메

우려고 합니다. 저 또한 개업 초에 그랬습니다. 하루 열두 시간 노동에 휴일이 거의 없었죠. 과로한 결과 당연히 지속할 수 없었습니다.

이렇게 사업자가 고통받는 동안에 소비자들은 싸고 질 좋은 서비스에 익숙해졌습니다. 1,000엔짜리 점심도 서비스, 양, 맛, 속도 등을 바랍니다. 그 평가를 받아들이는 가게는 조금 더 노력하며 무리해서 일을 합니다. 이런 모습이 지금의 세상이 요구하는 보통입니다.

저는 그것이 보통이라고 생각지 않습니다. 그런 노력은 지속될 수 없어서입니다. 더 건강한 보통이 아니면 일을 지속하는 건 불가능에 가깝습니다.

일하는 방법뿐 아니라 가게 운영 스타일도 세상이 바라는 보통이 있습니다. 영업일에는 항상 열려 있다거나 원하는 상품의 재고가 항상 있는 것 등입니다. 임시 휴업이 잦거나 발주 작업이 소홀해져 재고가 부족하면 세상에서 보통으로 받아들여지지 않습니다.

가게가 열려 있고 원하는 상품이 있다고 생각해 일부러 발걸음했는데, 가게 문이 닫혀 있거나 상품이 떨어졌다면 실망하게 됩니다.

그런 의미에서 편의점은 세상이 바라는 궁극의 보통을 구현했습니다. 언제나 열려 있고, 사고 싶은 상품의 재고가 항상 있습니다. 우리의 요구를 당연히 충족해주는 곳이라는 의미입니다.

현재 편의점에서는 현금인출기에서 언제든 돈을 뽑을 수 있고, 갓 내린 커피를 100엔에 살 수 있는 것조차 이제는 당연하게 여겨집니다. 이런 상태를 보통으로 만들려면 엄청난 노력과 수고가 필요합니다.

그렇다면 세상이 바라는 보통이 있는데, 우리 빵집은 어떤 보통을 목표로 해야 할까요?

먼저 일하는 방식에서 세상이 바라는 보통이 아니라 우리가 건강할 수 있는 상태를 실현하기로 했습니다. 가게 운영 방식은 세상이 바라는 보통을 실현할 수 있는 상태를 목표로 하기로 했습니다.

구체적으로 말하면 인건비도 재료비도 줄이지 않으면서 상품 가격을 적절하게 유지하기로 했습니다. 와자와자의 보통은 최고의 재료를 사용해, 사람의 손으로 정성껏 만들어, 가게도 손님도 함께 행복해지는 것이 목표입니다.

일하는 사람의 몸과 마음이 모두 건강하고, 손님은 원

하는 걸 선택할 수 있는 가게. 언제나 같은 상품을 같은 모습으로 판매하고, 특별한 건 없지만 편안하고 마음이 놓이는 가게.

그런 보통의 가게를 목표로 삼자고 마음먹었습니다. 하지만 그 목표를 실현하는 건 쉽지 않습니다. 실제로 어떻게 그 보통을 이뤘을까요?

빵 만들기의 효율화부터 시작했습니다. 빵의 종수를 2종으로 줄이고, 단가를 올려서 노동량에 맞는 보상을 받을 수 있도록 했습니다. 제조법도 개선했습니다. 밤에 자고 아침에 일어나는 인간다운 생활을 유지하면서도 빵을 구울 방법을 고민했습니다.

'작업의 번거로움을 줄이고, 노동 시간을 줄이면서, 같은 시간과 인원으로 생산량을 늘리기'가 일하는 방식의 보통을 위해 우리가 맨 먼저 실행한 일이었습니다.

또 일용품과 식료품 라인업을 재검토해 계획 없이 종수를 늘리지 않도록 했습니다. 가게나 온라인 스토어에 진열한 상품이 줄어들면 손님들이 재미없는 가게라고 생각할 수 있습니다. 물론 그런 불안감은 있었습니다. 재미없는 가게도 상관없습니다. 와자와자의 보통을 구현한 후 살을

붙여가기로 했습니다.

다음으로 일용품의 재고 관리를 개선했습니다. 당연한 이야기지만 생활필수품이 떨어지지 않게 하는 게 중요합니다. 집에 우유가 떨어지면 가까운 슈퍼에 사러 갑니다. 그 슈퍼에 우유가 다 팔리고 없다면 신뢰도가 떨어지지 않을까요?

다음에 우유가 필요할 때 그 슈퍼는 선택지에서 제외될 수 있습니다. 신뢰를 잃으면 손님은 다음번에 그 슈퍼를 방문하지 않습니다.

그래서 생활필수품은 재고가 항상 충분해야 합니다. 언제 몇 개가 팔리든 재고를 유지해야 합니다. 대형 슈퍼나 편의점이 재고 관리를 당연하게 하고 있는 이유죠.

일용품 가게라면서 일용품이 없는 건 말이 안 됩니다. 재고 관리에서는 우리도 손님이 기대하는 보통을 최우선으로 고려하려고 노력합니다.

문제는 좁은 창고입니다. 창고 크기가 작아서 재고량을 늘릴 수 없었습니다. 그래서 재고 회전율이 매우 높았습니다. 팔리면 재입고하고, 팔리면 또 재입고하는 등 한 달에 한 제조사에 주문을 여러 번 넣는 일이 반복되었습니다. 작업량은 많은데 매출은 그다지 늘지 않는 비효율적인 시스템입니다.

그렇다면 더 많은 재고를 확보하면 됩니다. 재고를 더 많이 준비하면 발주 작업을 줄일 수 있습니다. 그래서 창고를 찾기 시작했고, 마침내 150평 규모로 이사했습니다.

창고가 커지니 가게에 진열할 상품의 종수도 늘어났습니다. 더불어 일하는 방식이 수월해지고, 손님에게 더 나은 서비스를 제공하면서 모두의 보통이 실현되었습니다. 정말 최고의 선택이었습니다.

이전에는 상품이 '점'으로만 존재했습니다. 간장과 된장과 소금은 있지만 두반장과 굴소스는 없었습니다. 그러면 조미료를 사러 갈 때, 우리 가게는 선택지에서 제외될 수밖에 없습니다. 조미료를 모두 갖춘 '면' 상태라야 그 가게에 가면 빠짐없이 살 수 있다고 여기게 됩니다.

지금은 '면'을 꽤 잘 만들고 있습니다. 케이크를 만들려는 손님이 우리 가게를 찾았을 때를 가정하고, 모든 재료를 구할 수 있는지 점검하며 빠진 상품을 하나씩 채워가고 있습니다.

'손님에게는 더 좋은 선택지를, 일하는 사람에게는 작

업에 대한 부담이 줄어들기를, 회사에는 이익 증가를.' 이것이야말로 삼자 중 어느 한쪽만 희생하거나 참지 않는 이상적인 등가 교환의 모습이 아닐까요. 한마디로 우리 가게가 추구하는 보통의 모습입니다.

물건을 만들 때 지키는 다섯 가지 규칙

와자와자는 빵과 일용품 외에도 오리지널 상품을 판매합니다. 빵과 일용품 가게로서 직접 써보고 좋은 걸 판매하는데, 막상 우리가 쓰고 싶은 아이템을 시중에서 찾아내지 못할 때도 있었습니다.

그럴 때 빵을 굽듯이 상품을 직접 만들어보는 건 어떨까 싶었습니다. 빵과 마찬가지로 재료와 공정을 신중히 선택해 새 상품을 선보이는 거죠.

2016년부터 밀가루와 땀, 열원에 노출되기 쉬운 빵집이라는 가혹한 환경에서도 입을 수 있도록 기능성과 내구성에 중점을 둔 '빵집의 티셔츠'를 제작했습니다. 이 티셔츠는 여러 음식점의 유니폼으로 채택되기도 했습니다. 하드워커와 내구성을 중시하는 사용자들로부터 사랑을 받아 매해 1,200장이 팔리는 스테디셀러입니다.

타깃을 명확히 정의한 이 티셔츠는 빵을 2종으로 줄인 데서 착안했습니다. 이처럼 와자와자는 계절에 따라 바뀌는 상품이 아니라 반영구적인 것만 오리지널 상품으로 개발합니다.

보편적인 제품을 최우선으로 수요와 공급을 분석해 빵 만들기와 같은 효율적인 생산 관리를 하고 있습니다.

주 단위로 색상과 크기별 판매 수량에 관한 데이터를 분석하고 다음 생산 때 어떤 색상과 크기의 티셔츠를 생산할지 예측합니다. 이렇게 하면 재고 과잉이나 품절을 방지할 수 있고, 연중 늘 똑같은 품질의 상품을 손님에게 제공할 수 있습니다.

축적된 이 데이터는 생산 공장 관계자도 열람할 수 있습니다. 공장의 가동 현황도 실무팀과 공유해 협업하는 생산 시스템을 만들었습니다. 소규모 기업이지만 생산 관리 방향에 대해 사내 엔지니어와 끊임없이 논의하며 이런 시스템을 하나씩 구축하고 있습니다.

팔리는 만큼만 생산하고 준비하며, 제조와 판매 과정을 최대한 단순화합니다. 효율화할 방법은 모두 함께 고민합니다. 우리 빵집은 빵을 버린 적이 없기 때문입니다.

대부분 빵집에서 남은 빵을 폐기 처분하거나, 기회 손실을 방지하려고 미리 손실을 계산해 과잉 생산을 하지만 우리는 손실률이라는 개념 자체를 좋아하지 않습니다. 음식을 낭비해서는 안 되어서입니다.

버리려고 만드는 일이 있어서는 안 됩니다. 그래서 사업을 위해 손실률이라는 말로 정당화하는 건 하고 싶지 않았습니다.

그렇다면 빵이 남지 않도록 적절하게 공급하기 위해 어떻게 해야 할까요?

처음에는 일일 판매량 예측에 힘을 쏟으며 분석했지만 거의 불가능했습니다. 손님의 기분이나 날씨 등이 구매에 영향을 미치므로 데이터를 분석해도 알만 한 게 없었습니다. 결국 정해진 양만 굽고 정해진 양만 판다는 결론에 이르렀습니다. 판매 장소만 조절하는 방법입니다.

와자와자는 매장과 온라인 스토어에서만 빵을 판매합

니다. 매장이 성수기라면 온라인 스토어의 공급량을 줄이고, 매장이 비수기라면 온라인 스토어의 공급량을 늘리기로 했습니다.

이렇게 수요와 공급에 맞춰 빵을 판매하기로 했죠. 그래도 빵이 남으면 후가공해 과자나 카페 메뉴로 활용하는 등 여러 판매 경로를 개척했습니다.

우리는 빵 외의 것도 같은 방식으로 만들어서 판매하자는 데 의견을 모았습니다. '빵을 굽듯이 상품을 만든다'라는 말은 바로 그런 뜻입니다.

우리에게 꼭 필요한데 세상에 없는 상품, 튼튼하고 오래가며 구매한 후 후회하지 않을 상품, 생산 효율이 괜찮고 이익이 남아 보람 있게 만들 수 있는 상품, 만드는 사람과 파는 사람과 사는 사람 모두에게 좋은 상품을 만들 수 있지 않을까요?

와자와자에 빵이 하나의 제품이었던 것처럼 콘셉트와 제작 방식, 판매 방식이 일치하는 우리가 원하는 제품을 만들고 싶다는 마음에서 상품 제작을 했습니다. 지금 우리가 내세우는 오리지널 상품을 만들 때의 다섯 가지 규칙은 이렇습니다.

첫째, 세상에 없는 걸 만든다.

둘째, 공장의 기술을 활용하고, 생산 효율이 좋은 제작 방식을 목표로 한다.

셋째, 내구성이 뛰어나고, 오래 사용할 수 있으며 쓰레기가 되지 않는 제품을 만든다.

넷째, 쓰레기가 될 것 같은 남는 자원을 활용한다.

다섯째, 플라스틱을 사용하지 않는다.

이렇게 물건이 넘쳐나는 시대에 새로운 걸 만들어야 할 필요성은 사실 없습니다. 그럼에도 만든다면 이 기준을 충족해야 하겠죠?

단순히 '세상에 없으니까 만든다'라는 말은 세상에 없는 거라면 무엇이든 좋다는 뜻은 아닙니다. 오리지널 상품은 세상에 존재하지 않지만, 꼭 필요로 하는 사람이 있을 거라는 확신을 바탕으로 만듭니다. 그 '꼭 필요로 하는 사람'의 대표로 저 자신을 꼽을 수 있습니다.

공장에서 처음으로 만든 오리지널 상품은 리브 울 양말입니다. 초창기에는 오스트레일리아의 한 제조사에서 만든 울 양말을 들여와 판매했습니다. 정가는 3,000엔이고 보온성이 뛰어났습니다.

 저도 좋아하던 제품이지만 울 원사값이 급등하면서 도매가가 2,000엔 가까이 오를 거라는 소식을 접했습니다. 그렇게 되면 소비자가는 약 5,000엔에 달하고 말죠.

 3,000엔짜리 양말도 비싼데, 5,000엔짜리 양말을 우리 가게 손님에게 추천하는 건 합리적이지 않습니다. 원자잿값이 급등하는 것도 문제였습니다. 그간 신경 써서 판매했던 제품이라 팬들도 많아 가게 입장에서 타격을 입을 수 있습니다.

 이번 일을 기회로 삼아 직접 울 양말을 만들어볼까 싶었습니다. 거래 중인 나라현에 소재한 실크패밀리에 연락했습니다. 양말을 생산하는 기업이라 상담에 응해줄 거라고 믿었습니다.

 "좋은 생각이지만, 나라와 나가노는 거리가 멀어서 어려울 수 있습니다. 나가노에 좋은 양말 제조사를 알고 있으니, 그쪽에 연락하는 건 어떨까요? 단, 그 업체는 히라타가 별도 발주를 하기엔 규모가 좀 클 수도 있습니다. 혹시 거절당하면 다시 한번 연락을 주세요."

 그렇게 실크패밀리 키류 사장으로부터 타이코를 소개

받았습니다. 즉시 타이코에 전화를 걸어 지금 사장을 맡고 있는 잇페이와 통화했습니다.

"사장님, 울 양말을 오리지널 상품으로 백 켤레를 만들고 싶습니다."

"소규모 생산은 힘듭니다. 하지만 다른 제조사의 유사한 양말을 가져다 매장에서 파는 건 괜찮습니다. 로고를 바꿔서 팔면 된다는 말입니다."

"음, 한 시간만 시간을 내주세요. 프레젠테이션을 하고 싶습니다."

"예, 그럼 회사에 직접 방문해 주세요."

그 후 타이코를 방문해 울 양말에 관해 연구하고 분석한 자료를 프레젠테이션했습니다. 실제로 시중에 판매하는 울 양말을 여러 종류 사서 닳을 때까지 신어보고, 그중에서 구멍 난 양말을 스무 켤레 정도 타이코에 가져가 오리지널 양말을 만들고 싶은 이유를 설명했습니다.

"A사는 엄지발가락 쪽에 구멍이 잘 나고, B사는 뒤꿈치나 발바닥이 자주 해집니다."

"좋아요, 백 켤레라도 우선 만들어봅시다."

나중에 혹평했던 양말 중에 타이코 제품도 있었다고

들었습니다. 그럼에도 잇페이 사장은 화를 내지 않고 끝까지 프레젠테이션을 들어주었습니다. 그리고 공장을 견학해보니 규모가 꽤 큰 회사임을 새삼 깨달았습니다.

"사장님, 백 켤레만 주문하는 건 너무 죄송합니다. 육백 켤레를 주문하겠습니다."

"괜찮겠어요?"

잇페이 사장이 놀라워했지만, 모아둔 저축을 다 투자해도 괜찮을 거라고 판단했습니다.

타이코의 양말 제작 기술은 확실했고, 제 열정과 타이코 기술이 합쳐진다면 더 좋은 양말을 만들 수 있을 거라 믿어서입니다. 왠지 잘될 것 같았습니다.

타이코와 공동 제작한 양말 육백 켤레는 한 달 만에 완판됐습니다. 잇페이 사장은 그 소식을 믿기지 않아 했습니다.

"이런 작은 빵집이 3,600엔짜리 양말을 육백 켤레나 팔아치우다니 믿기지 않습니다. 앞으로는 히라타가 말하는 대로 생산해주겠습니다."

잇페이 사장은 전화 통화에서 일부러 이렇게 말했답니다.

"그 정도 각오가 되어 있지 않은 사람과는 같이 제품을 만들 수 없으니까요."

이 경험은 큰 의미가 있었습니다. 규모가 큰 기업이라도 우리가 확실한 콘셉트를 가지고 논리적으로 설명하고, 생산에 필요한 자금을 마련하면 협력할 수 있다는 사실을 알았습니다.

덕분에 이제 어디라도 갈 수 있겠다는 자신감이 들었습니다. 이후 한 대형 제조사에 빵 전용 저울을 공동 개발하자고 연락했지만 거절당하고 말았습니다. 그러나 3,600엔짜리 양말이 금세 완판된 이유도 같은 원리라고 생각합니다.

세 켤레를 1,000엔에 살 수 있는 시대에 한 켤레에 3,600엔 하는 양말은 비쌉니다. 그럼에도 이 고급 양말이 판매된 이유는 타이코에서 프레젠테이션한 것과 같은 열정으로 손님에게 이 울 양말을 만든 이유와 방법, 장점을 진심으로 알렸기 때문입니다.

처음에는 손님들로부터 불평을 꽤 들었습니다. 첫 불만을 토로해준 손님은 지금도 기억에 남아 있습니다. 한 손님이 우리 가게에 찾아와 자신이 꿰매 신고 있는 양말을 보여주었습니다.

"사장님, 이 양말을 비싼 가격을 주고 구매했는데 벌써 구멍이 났어요."

"원래 울 양말은 다른 소재의 양말에 비해 구멍이 잘 납니다."

"그래도 그렇지, 이렇게 빨리 구멍이 날 줄은 몰랐어요."

"혹시 구멍이 난 곳은 어딘지, 어떤 식으로 신었는지 알려줄 수 있나요?"

이 손님과 주고받은 이야기를 타이코에 피드백해 기술적으로 보완할 방법을 상담했습니다. 보온성을 강화하다 보니 울 혼방 비율을 높여 나일론 실의 보강이 부족했다거나, 처음에는 S와 L만 판매했는데 M 사이즈에 해당하는 사람이 이 양말을 신으면 구멍이 나기 쉽다는 등의 문제점을 찾을 수 있었습니다.

대면으로 불만을 이야기한 그 손님은 매우 고마운 사람입니다. 이 일을 통해 손님의 목소리에 귀 기울여야 한다는 것을 배웠고, 매해 손님의 의견을 반영한 결과 울 양말은 우리 가게의 대표 상품이 되었습니다.

울 양말 다음으로 '잔사 양말'을 제작했습니다. 타이코 창고에 쓰다 남은 실이 많아 활용할 방법을 고민한 끝에 탄생한 제품입니다. 두 켤레에 1,000엔입니다.

잔사로 만들었는데도 불구하고 가격이 비싼 이유를 묻는 손님들이 있었습니다. 그래서 소셜미디어와 웹사이트에서 이렇게 설명했습니다.

첫 번째 이유는 국산이어서 가격이 비쌉니다. 어느 기업이든 가능한 한 많은 사용자에게 저렴한 가격에 물건을 제공하려고 합니다. 일본도 노동력이 저렴한 개발도상국에 공장을 세워 생산하는 산업 구조가 고도 경제 성장기에 발달했습니다. 그 결과, 제조 기술이 해외로 유출되어 현재 국내에서 생산하는 공장이 급감하고, 기술 전수가 되지 않고 있습니다.

우리는 일본에서 오리지널 상품을 적정한 가격으로 생산을 의뢰하고, 임금을 적정하게 지급하려고 합니다. 해외 노동력이나 원료 등을 적정가로 지불하는 공정무역을 떠올려보세요. 일본에서도 그렇게 해야 한다고 봅니다. 공임비를 깎는 상황이 만연하면 공장은 운영하기 힘듭니다.

따라서 우리는 공장과 협력해 생산하는 구조를 의식

적으로 만들고 있습니다. 국내 생산 제품에 적정한 대가를 지불하지 않는 건 이웃이나 친구, 가족의 일을 빼앗는 것일 수도 있습니다.

두 번째 이유는 잔사라고 해도 여전히 값을 매길 수 있는 실이기 때문입니다. 쓰고 남아 있는 실이지만 타이코가 일정 금액을 주고 구매한 것입니다. 이것을 무상으로 넘겨받으면 타이코의 부담이 커집니다. 쓰고 남은 실의 양은 온전한 양말을 만드는 데는 적당하지 않습니다. 그만큼 약간 저렴한 가격에 납품받았지만, 정당한 가격에 거래해야 서로에게 무리 없는 물건을 만들 수 있습니다. 그래서 잔사 양말은 두 켤레에 1,000엔입니다.

이러한 사실을 손님에게 오해가 없도록 전달해야 합니다. 잔사인데 왜 비싼지 의문을 제기하는 손님에게도 답변할 기회가 생겨 매우 고맙게 생각합니다. 손님과 가게, 가게와 제조사, 제조사와 생산자 간에 누군가의 불만을 눈감아주는 게 아니라 각각이 이해할 수 있는 구조로 일해야 지속 가능한 일터와 소비로 이어진다고 생각합니다.

앞으로 오리지널 상품을 만들더라도 가능하면 신제품을 내놓지 않을 계획입니다. 물건이 넘쳐나는 시대에 더 많은 물건을 만든다면 돈과 바꾼 쓰레기를 늘릴 뿐입니다.

잔사 양말처럼 쓰레기를 줄일 수 있는 물건이나 시간이 지나도 가치가 없어지지 않는 물건, 내구성이 뛰어나 오래 쓰고 버려져도 자연으로 돌아가는 물건이라면 만들어도 괜찮지 않을까요? 이런 기준에 맞춰 항상 쓰레기가 되지 않을 만한 물건만 만들고자 합니다.

그렇게 하면 물건과 돈의 교환이 느려지고 경제적으로 어려워지지 않겠냐는 질문을 받기도 하지만, 다른 방법으로 교환하면 됩니다. 물건을 구매한 후의 수리나 관리, 사용법을 교육하고 물건을 더 오래 더 잘 쓰도록 돕는 서비스를 통해 돈과 교환하는 건 어떨까요?

대량 생산, 대량 소비의 시대는 끝났습니다. 이제는 좋은 물건을 오래 써야 합니다. 물건을 판매한 후에도 손님과의 관계를 이어가는 것, 그에 맞는 새로운 돈의 흐름이 필요하다고 느낍니다.

나에서 회사로

와자와자를 법인화했을 때 이야기입니다. 법인 전환은 2017년 3월에 했습니다. 2014년부터 2017년까지는 경영을 하고 있다는 감각이 싹트는 시기였습니다. 개인이 하고 싶은 일을 하는 형태에서 벗어나 사업으로서 어떻게 운영할지 고민했고, 매출도 급성장했습니다.

그전까지는 가게를 운영하며 발생하는 문제를 해결하는 법을 배우는 단계였고, 명확한 목적을 세워 경영의 방향을 잡지는 않았습니다. 이 시기부터 개인의 생각과 의지는 잠시 접어두고, 시장을 분석하고 니즈를 파악했습니다.

체인점을 방문해 어떻게 효율화하는지 관찰했고, 경영서를 닥치는 대로 읽었습니다.

당시에는 경영 관련해 상담할 사람이 없어 막힐 때마다 경영서를 참고해 실천하곤 했습니다. 그 결과 경영에는 정답이 없다는 걸 알았습니다. 책마다 성공담을 다루지만, 방법이 다르고 사람과 장소 그리고 사업 내용이 다릅니다.

법률이나 고용 등은 공부한다고 한들 쉽지 않아 빨리 포기하고, 전문가와 대화할 정도의 지식만 갖추기로 했습니다.

가장 어려웠던 고용 상담은 2014년에 사회보험노무사를 고문으로, 회계 감사와 세무 업무는 회계사에게 맡겼습니다. 당시 와자와자는 4명이 근무했지만, 전문가에게 외주를 주어 제한된 자원을 일에 집중할 수 있도록 했습니다.

법인화도 회계사와 상담해 매출이 5,000만 엔을 넘기는 시점으로 정했습니다. 2015년 매출은 3,600만 엔, 2016년은 7,600만 엔 정도였습니다. 5,000만 엔 시점에서 일 년 정도 늦어졌지만 법인화한 2017년 매출은 거의 두 배로 늘어 1억 4,800만 엔에 달했습니다. 2018년에는 2억

6,000만 엔으로 뛰어올랐죠.

이 짧은 기간 동안 매출이 급증한 데는 세 가지 이유가 있습니다. 맨 먼저, 당시 유행하기 시작한 무료 서비스인 소셜미디어를 발 빠르게 활용한 덕분입니다. 개업하기 전에는 블로그를 매일 업데이트해 누군가의 눈에 띄기를 바랐고, 다른 플랫폼이 유행하면 점차 옮겨갔습니다.

'가게'라는 플랫폼을 옮긴다고 썼지만, 인터넷상에서도 같은 일을 했습니다. 블로그에서 페이스북으로, 그리고 인스타그램으로 옮겨갔습니다. 세상의 변화에 민감하게 반응하며 정보를 발신하는 장소를 바꾸면서도 꾸준히 와자와자를 알렸습니다.

해외 인스타그래머로부터 영향을 받아 업로드하는 사진의 질을 높이려고 신경 썼습니다.

'산 위'라는 결점 때문에 목소리를 내지 않으면 사람들이 알지 못할 거라는 강박관념에 와자와자를 알리는 데 필사적으로 매달렸습니다.

2016년 정보를 발신하는 것에 대한 전환점이 왔습니다. 프로 카메라맨이 빵을 굽고 싶다는 이유로 아르바이트로 와자와자의 일을 하게 되었습니다. 도쿄에서 나가노로 이주한 이 사람은 일이 없을 때 취미로 빵을 굽고 싶어 와자와자에 지원했습니다.

이 카메라맨은 빵을 굽다가 시간이 날 때마다 온라인 스토어에 올릴 상품을 촬영하는 일을 도와주었습니다. 프로에게 단기 아르바이트 일을 시킬 수는 없어서 정직원으로 일해보자고 제안했습니다.

반년 후에 카메라맨은 와자와자에 입사했습니다. 이때부터 상품과 가게 사진의 질이 아주 좋아지면서 소셜미디어상에서의 인기도 불이 붙었습니다.

그다음으로 2017년에 자비로 출판한 《와자와자의 일하는 방식》이 완판된 덕분에 매출이 급증했습니다. 나가노현 토우미시 산 위에 있기에 고용이 가장 힘들었습니다. 인구가 적어서 고용을 할 때 선택의 폭이 굉장히 좁았습니다. 그래서 이런 생각으로 가게를 운영하는데, 일하고 싶은 사람이 있는지를 담은 책을 썼습니다.

이 책에는 비전과 경영 방침 등을 담았고, 채용 조건도 다뤘습니다. 이 부분이 화제가 되어 일주일 만에 1쇄는 2,000부, 2쇄는 9,000부가 팔렸습니다.

후반부에 책을 읽은 소감을 첨부해 지원서를 내달라

는 채용 조건을 언급했는데 지원서가 많이 왔습니다. 정말 어려운 상황이었는데 쌓여 있는 지원서를 보니 뛸 듯이 기뻤습니다. 이때 지원해 입사한 엔지니어는 현재 이사로 일하고 있습니다.

책 덕분에 노동력을 확보할 수 있었고, 빵 생산량도 늘어나 온라인 스토어 주문도 원활하게 처리했습니다. 소셜 미디어에서 얻은 수요에 대한 공급도 차질 없이 맞출 수 있었고요. 다만 책에서 다룬 비전은 애매하고 시적인 구호에 불과했기에 나중에 문제가 되기도 했습니다. 그래도 비전의 중요성은 확실히 알았습니다.

마지막으로 물류 거점을 확보할 수 있어서 매출이 급증했습니다. 집 앞에서 사업을 시작했을 때, 이렇게 급성장할 거라고는 예상하지 못했습니다. 성장에 따라 인력과 물류 공간을 확보하는 일도 고민이었습니다. 온라인 스토어의 수요가 증가해도 상품을 보관할 공간이 부족해 재고를 충분히 확보할 수 없었습니다.

우리 집 안이 점점 더 많은 상자로 채워지고 있던 2017년에 좋은 기회가 찾아왔습니다. 인근에서 메밀국수 공장을 운영하던 업자가 폐업하면서 부지를 임대해주기로 했습니다.

즉시 크라우드 펀딩을 계획하고 자원봉사자를 모집해 제한된 자금 내에서 창고를 개조했습니다. 약 150평의 창고는 우리의 답답함을 단박에 해결해주었습니다.

충분한 양의 상품을 관리할 공간이 생기면서 작업 효율도 급격히 향상됐습니다. 그동안 주로 홍보가 앞서고 수요에 비해 공급이 따라주지 못했는데 이 창고 덕에 사업이 비약적으로 발전했습니다.

재고량이 창고를 확보하기 이전의 세 배로 늘어났습니다. 항상 충분한 재고를 유지할 수 있어 손실이 줄어들었고, 매출도 1년 만에 1억 엔 정도 급증했습니다.

할 수 있는 걸 조합해 시도해보자라는 생각으로 시작한 빵과 일용품 가게가 수억 엔 규모의 비즈니스가 될 줄은 상상도 못 했습니다.

하지만 해야 할 일을 했을 뿐이므로 숫자에 대한 특별한 느낌은 없었습니다. 그럼에도 매출이 성장한 이유는 끊임없이 내가 느낀 위화감을 의식하고, 어떻게 해야 할지를 고민하며, 하나씩 실행에 옮겨 운영했기 때문입니다. 그래서 와자와자는 성장할 수 있었습니다.

처음 적자가 난 원인

 《와자와자의 일하는 방식》을 출간한 후 채용 지원이 이어졌습니다. 연 2회 모집했는데 지원자가 30명이나 되어 처음으로 인력을 선택할 입장이 되었습니다. 고문 사회보험노무사와 상담하면서 근로기준법에 맞는 근무 환경을 만드는 데 힘썼습니다. 가능한 한 수직적인 조직문화가 없는 환경을 목표로 했습니다.

 시급제는 정직원보다 급여가 적은 대신 '자유 출근제'를 채택했습니다. 이유가 없어도 원하는 날에 '라인'으로 연락만 하면 쉴 수 있게 했습니다. 가정주부도 갑자기 아이가 아파도 쉴 수 있습니다. 사내에서 자유 출근제가 자연스러운 일이 되어 호평받았습니다.

팀을 생각하지 않고 연차를 쓰는 행동이 괜찮은지 등의 사내교육도 하고 있지만 지금도 자유 출근제는 문제없이 운용하고 있습니다. 이제 와자와자다운 근무 방식으로 자리 잡았습니다.

정직원도 사유를 제출하지 않아도 달력에만 표시하면 유급휴가를 쓸 수 있고, 유연근무제로 출근 시간을 조절할 수 있습니다. 이외에도 독창적인 제도를 만들어 사회적 실험처럼 조직문화를 만들어 나갔습니다. 복리후생과 시스템 등을 정비하면서 수평적으로 일할 수 있는 환경을 만들려고 노력한 셈이죠.

충분한 지원자 풀에서 채용을 진행하며 일하는 방식의 방향도 확립할 수 있었습니다. 내정자가 점점 늘어나 전국 각지에서 나가노현으로 이주하는 사람이 많아졌습니다. 초기의 인력이 부족한 상황에서 벗어나 하고 싶은 일을 할 수 있는 분위기가 되었죠.

매장을 바꾸고, 일하는 방식을 개선하며, 새로운 사람들과 새로운 시도를 했습니다. 물론 온라인 스토어의 운영

방식도 뜯어고쳤습니다.

그즈음 화제가 된 프레더릭 라루의 《조직의 재창조》를 읽고 깊은 영향을 받았습니다. 수평적인 조직 구조로 운용하는 우리 가게의 지금 하는 일이 옳다는 생각에 자신감을 얻는 계기가 되었습니다. 점점 업무를 다른 사람들에게 맡기고 신규 채용한 사람들에게도 일을 분담했습니다.

창업한 이래로 제 손으로 굽던 빵도 단계적으로 기술을 습득할 매뉴얼을 만들고, 일선에서 물러나기로 했습니다. 이것이 큰 전환점이 되어, 이전까지 빵집 주방에 매여 있던 제가 다양한 활동을 할 수 있게 되었습니다.

그동안 거절해왔던 강연회에 참석하거나 장기 출장을 다니며 좋은 물건을 매입해 상품 라인업을 확장했습니다. 오리지널 상품 개발도 활발히 할 수 있었고, 가게 운영이나 회사 내부 관리까지 직원들에게 맡기게 되었습니다.

이 1년 동안 사내 분위기가 참 많이 변했습니다. 작은 빵집이 급속하게 '회사'로 변한 시기였거든요. 그러나 '조직의 형태'가 변해가는 반면 '기업의 인격'은 명확히 정해지지 않은 상태였습니다.

법인 인격이 모호한데 신입 직원들은 각자의 방식으로 와자와자를 그리며 일을 시작했습니다. 지금 돌아보면 위험한 상태였습니다. 법인화할 때, 회계사와 나눈 대화가 아직도 기억납니다.

"회계사님, 개인에서 기업이 된다는 건 무엇을 의미하나요?"

"개인과는 별개의 인격을 새로 갖게 된다는 뜻입니다."

인격이 별개라는 건 지갑도 사고방식도 완전히 달라진다는 뜻입니다. 같은 사람이 경영하더라도 인격이 달라진다는 사실에 충격을 받았지만, 회사가 명확한 인격을 형성하기 전에 실무에서 물러났습니다.

물러나기 전에 회사의 인격을 명확히 하고 비전을 세운 다음 직원들에게 인식시키는 교육을 했다면 결과는 많이 달라졌을 겁니다.

이미 때는 늦었습니다. 의사결정은 모호한 기준으로 실행되었고, 사내에는 조금씩 태만과 부정이 늘었습니다. 겉으로만 일을 잘하는 것처럼 보이면 된다는 분위기가 퍼져 있었습니다. 그 결과 생산 효율이 떨어지고 사내 분위기가 나빠졌습니다. 입사만이 목표가 되고, 일하면서 성장하려는 의식이 부족해졌습니다.

야근 문화가 없는 와자와자였지만, 당시에는 루틴만 반복하며 시간을 보내는 직원들이 하나둘 생겼습니다. 그리고 2019년 결산을 앞두고 사건이 일어났습니다. 오리지널 상품의 생산 관리를 담당하던 직원이 예측 목표를 달성한 것처럼 수치를 조작했습니다.

직접 창고를 조사해 데이터를 대조하는 과정에서 조작 사실을 알았습니다. 물류 창고에 숨겨놓은 오리지널 상품의 재고가 무더기째 발견되었기 때문입니다.

그해 창업한 이래 처음으로 적자가 났습니다. 2019년 결산서를 보니 제가 했던 모든 일을 기록한 것처럼 느껴졌습니다. 행동은 항상 숫자로 나타나 그다음 달에는 궤적으로 드러납니다. 생각하고 실행한 모든 것이 숫자 하나하나로 이어진다는 걸 그제야 알았습니다.

출장을 자주 다니며 대외 활동에 힘쓴 것 자체는 문제가 아니었습니다. 경영 관리를 다른 사람에게 맡긴 게 화근이었습니다. 입출고, 생산 관리, 물류 등 주로 제품 부분에 균열이 생기고 있었습니다.

명확한 방침 없이 현장을 떠난 탓에 권한이 모호해졌

고, 예산도 리더도 없는 상태에서 직관에 의존해 생산과 판매를 하고 있었습니다. 사람에게 일을 맡겼다고 생각했지만, 조직문화와 풍토를 다지지 않은 채 방향만 제시하고 경영 관리를 방치한 결과였습니다.

2년 만에 급성장했는데 어느덧 내부가 무너지고 있었습니다. 매출은 2억 4,000만 엔까지 순조롭게 증가했지만, 2019년에는 1,000만 엔 정도 감소해 처음으로 정체를 겪었습니다.

이 문제를 해결하려고 2020년부터 대대적인 개혁에 나섰습니다. 자비 출판을 통해 진행했던 채용이 이런 결말을 맞이할 줄은 몰랐지만, 이 역시 많은 것을 배운 값진 경험이었습니다.

와자와자란 무엇인지를 생각하다

믿기 힘들 수도 있지만 실제로 2018년까지 와자와자는 '예산' 개념이 없었습니다. 항상 손님의 니즈가 먼저였고, 수요에 공급을 맞추는 게 급선무였습니다. 공급만 제대로 하면 결과가 따랐기 때문입니다. 어떻게든 공급을 확보해야 했으므로 예산이라는 개념 따위는 굳이 필요하지 않았습니다.

오리지널 상품의 재고 수량 조작은 이것이 원인이었습니다. 오리지널 상품은 제조업체 브랜드 제품과 달리 우리가 팔고 싶은 만큼 만들 수 있어 수요보다 공급을 늘릴 수 있습니다. 어느 순간 적정한 공급 기준을 잡지 못했습니다.

기업의 경영 단계는 변화를 거듭합니다. 당시의 과제는 생산성을 높여 공급하는 게 아니라 수요에 맞춰 재고를 관리해야 하는 것이었지만 그 누구도 인지하지 못했습니다.

그래서 예산 계획을 세웠습니다. 몇 월 며칠에 어떤 제품이 몇 개 팔렸는지에 관한 데이터를 상품별로 시각화할 시스템을 구축했습니다.

이를 통해 생산 과잉이 발생한 달과 공급이 부족했던 달을 분석하고, 다음 해에 어떤 제품을 어느 정도 생산하는 것이 적절한지 예측할 수 있었습니다.

동시에 연간 예산 계획도 세웠습니다. 1년 치 예산을 세운 후 매월 예산을 관리하는 일반적인 기업에서는 당연한 시스템을 만들었다는 말입니다.

2020년 3월, 코로나19 팬데믹이 불어닥쳤습니다. 와자와자는 2월에 결산을 진행합니다. 적자 결산이 나온 직후라서 최악의 타이밍이었습니다.

개혁 방침을 명확히 하고 이제 다시 해보려는 시기였는데, 출발부터 발목이 묶였습니다. 경험하지 못한 위협 속에서 사내 분위기는 더욱 나빠졌습니다.

혼란스러운 사내와 달리 온라인 스토어는 활기찼습니다. 코로나19로 외출이 제한되어 온라인 스토어 주문이 급격하게 증가했습니다. 매장은 점점 한산해졌고, 긴급 사태 선언으로 영업은 어려웠지만 창고로 인원을 돌려도 출하 물량을 처리하지 못했습니다.

창고의 인원이 부족해 임시방편으로 사람을 모아 만든 팀이라서 실수가 발생하기 쉬웠습니다. 결국 관리자도 주말에 출근해 출하를 도와야 했습니다.

그때 창고팀의 상황을 파악하고 경악했습니다. 출하량이 급증하는데도 평소처럼 일상적인 대응만 하고, 그 누구도 이 상황을 헤쳐 나가려고 하지 않았습니다.

위기를 기회로 삼아 분발하는 사람은 없었습니다. 격려의 말도 소용이 없었습니다. 혼자 열심히 한다고 될 일이 아니었습니다. 그래서 창고 이전을 경영팀에 제안했습니다. 나가노의 자사 창고에서 도쿄의 외부 창고로 업무를 위탁하기로 했습니다.

나가노에서 제품을 출하해야 지역 주민의 일자리 창출이 가능한데, 어쩔 수 없이 그것을 포기했습니다.

창고팀을 재정비할 수도 있었지만, 손님에게 실수를 거듭해 폐를 끼치므로 해결책을 모색해야 했습니다. 선택은 물류 창고 이전뿐이었습니다. 창고 이전 소식을 사내에 공유하자 퇴사 의사를 밝히는 사람이 속출했습니다. 코로나19 때문에 일할 수 없게 된 직원을 포함해 25명 중 7명이 한꺼번에 퇴사했습니다.

지금까지 해오던 창고 업무가 없어지고 다수가 퇴사하자 변화의 바람을 이기지 못한 직원들이 다시 한번 퇴사했습니다. 적지 않은 충격이었지만, 그 후 조금씩 사내 분위기는 좋아졌습니다.

전 직원이 참여하는 전체 미팅을 열었습니다. 회사를 운영하는 철학을 공유하고 현재 회사 상황, 협력 제조사 근황, 출장 보고 등 다양한 주제를 매주 공유하는 시스템을 만들었습니다.

다행히 남아준 직원들의 의욕은 높았고 팀의 결속력이 강해지면서 성장에 불이 붙었습니다. 2019년 매출은 2억 4,000만 엔이었지만, 2020년에는 3억 3,000만 엔으로 늘어났습니다.

2021년 미션은 기업 아이덴티티CI를 정립하는 것이었습니다. 와자와자의 비전, 미션, 정신, 가치, 슬로건을 정하고 채용까지 포함한 기업 웹사이트를 구축해 기업으로서의 방향을 명확히 세웠습니다.

우리 회사가 어떤 인격체인지 CI로 누구나 알 수 있도록 하고 싶었습니다. 결과적으로 탄생한 것이 다음입니다.

비전 : 사람들이 건강한 사회
미션 : 사람들이 건강해지는 데 필요한 물건과 서비스를 제공한다
정신 : 모든 것은 누군가의 행복을 위해서!
가치 : 와자와자에서 서비스를 받으면 안심할 수 있다
슬로건 : 좋은 생활자가 되자!

《와자와자의 일하는 방식》에서는 꿈을 언급했지만, 현실성이 부족한 채용을 진행한 것이 실패의 원인이었습니다. 그래서 이번에는 이념뿐 아니라 사람의 성향이나 업무 등 구체적인 부분까지 와자와자와 맞는 사람을 채용하고자 했습니다.

서로의 보통이 맞는 경우는 드뭅니다. 그래서 와자와

자의 보통을 언어화하는 게 중요하다고 판단했습니다. 이렇게 하면 우리와 맞는 사람이 지원하고, 오래 함께 일할 수 있습니다. 직무도 부서가 아닌 기술직이나 일반직으로 세분화해 모집했습니다.

기업 웹사이트는 제가 방향을 이끌고, 원고도 직접 썼습니다. 《와자와자의 일하는 방식》을 읽은 사람들은 알겠지만 제 말투가 다소 강한 편입니다. 그래서 일러스트레이터 아시노 코헤이의 도움을 받아 사람들에게 전달하고 싶은 것을 부드럽게 표현했습니다.

웹사이트에 기업 아이덴티티 일러스트를 공개한 후 채용 분야에 변함없이 지원자가 많았는데, 실제 채용도 신경 써서 진행하고 있습니다.

현재 사내 분위기는 어느 때보다 좋습니다. 모두가 일이 즐겁다고 말할 수 있는 분위기를 드디어 만들게 되어 기쁩니다. 앞으로도 더 나아지길 바랄 뿐입니다.

와자와자는 현재 '사람에 맞춰 사업을 확장하는' 방침에 맞춰 채용합니다. 사업 확장보다 함께 일하는 사람들의 가치관이 맞고, 건강하게 일할 수 있는 환경을 유지하는 것이 중요하기 때문입니다.

그런 만큼 앞으로도 세심하게 인사 활동을 진행하고자 합니다. '일하기 좋은 환경을 만들고, 능력을 발휘할 수 있는 사람과 기회를 늘리는 것'이 경영자인 제가 해야 할 일이라고 느끼고 있습니다.

물건과 돈, 사람 사이에
무엇이 있는가

2019년 4월, 와자와자에서 차로 10분 거리에 '토우問 tou'를 열었습니다. 이 매장은 갤러리와 카페, 서점을 겸한 공간으로 '빵과 일용품의 가게 와자와자'에서 할 수 없는 걸 취급합니다.

와자와자는 제가 실제로 쓰기도 하고 좋아하는 상품을 모아서 판매해왔습니다. 현재 라인업에는 조미료·비누·의류·그릇 등 생활필수품을 중심으로 약 2,500종을 다룹니다. 10년 가까이 일용품 가게를 운영하면서 필요라는 개념에 너무 얽매인 건 아닌가 싶었습니다.

매주 내 가게에서 쇼핑하다 보니 깨달은 게 있습니다. 필요에 얽매이면 쇼핑이 패턴화됩니다. 간장이 떨어지면 간장을 사고, 양말에 구멍이 나면 새 양말을 사는 등 행동이 반복됩니다. 그렇다 보니 지루해질 수밖에 없습니다. 필요만으로 묶이면 사람은 숨이 막힙니다.

이런 깨달음과 함께 어떤 생각이 떠올랐습니다. 그 물건을 살 필요성이 있는지의 기준은 사람마다 다르다는 것입니다. 배고픔을 채우려고 식료품을 사고, 양말에 구멍이 나서 새 양말을 삽니다. 좋아하는 작가의 책을 읽고 싶어서 사고, 방에 장식할 꽃을 사기도 합니다. 그 가게에 가고 싶어서 커피를 마시고, 사람과 이야기하고 싶어 카페에서 차를 마십니다.

돈을 사용하는 이유와 장소는 결국 사용하는 사람에게 달렸다는 걸 깨달았습니다. 세상에는 살아가는 데 필요하지는 않지만, 있으면 삶이 풍요로워지는 것들이 많습니다. 공간에 흐르는 음악, 벽에 걸린 한 장의 그림, 유리병에 꽂힌 정원에서 꺾어 온 꽃, 손님을 맞이하려고 현관에 둔 달항아리, 바닷가에서 주워 온 흰 돌멩이 등.

이런 것들은 살아가는 데 꼭 필요하지는 않지만 소중

하고 특별한 것들입니다. 와자와자적인 필수품은 아니지만 꼭 필요했던 것을 사업에 넣어보면 어떨지 조용히 고민해왔습니다.

때마침 토우미시에 있는 공공시설을 운영해달라는 제안을 받았습니다. 공원 안에 자리 잡은 시설인데 경관이 빼어났습니다.

그래서 오랫동안 구상했던 와자와자적인 필요가 아닌 또 다른 필요를 담은 가게를 열기로 했습니다. 그리고 사람들에게 다시금 누군가에게 돈을 건네는 의미, 물건의 가치, 나아가 인생이란 무엇인가를 묻고 싶었습니다.

사람은 의외로 물건을 쉽게 삽니다. 하지만 물건을 쉽게 버리기도 합니다. 그리고 새로운 물건을 다시 삽니다. 이런 사이클이 과연 정말로 좋은 '사람과 물건'의 관계일까요? 소매업이라는 업종 자체를 자주 다시 생각하게 되는 의문입니다.

풍요로워져서 물건들은 점점 늘어나지만, 인구는 점점 줄어들고 있습니다. 그렇다면 앞으로의 소매업은 어떤 모습이어야 할까요?

이 질문에서 시작해 가게 이름을 '問tou'로 정했습니다. 콘셉트는 이름 그대로 '묻다'입니다. '물건을 산다는 건 무엇일까, 물건을 산다는 건 어떤 의미일까'와 같은 질문을 던지는 가게를 만들고 싶었습니다.

다음은 問tou 매장의 입구에 걸려 있는 글입니다.

    우리가 만든 것

    누군가가 만든 것

    여러 곳에서 모은 것

    가게는 물건에 가격을 매기고

    손님은 그 물건을 삽니다.

    물건, 돈, 사람

    파는 것, 그 행위는

    가게에서 손님에게 던지는 하나의 질문

    질문받은 손님은 자신만의 척도로

    가치를 가늠합니다.

    물건, 돈, 사람

    세상에는 물건 수만큼

    질문이 존재합니다.

    사람 수만큼 해답이 있습니다.

問tou는 묻습니다.

물건과 사람이 만나는 장소

사람과 사람이 이야기하는 것

의도적으로 묻습니다.

모두에게 묻습니다.

물건, 돈, 사람

그 사이에 있는 건 무엇인가요?

이것이 問tou 매장을 통해 가장 물어보고 싶었던 질문들입니다.

가게는 물건을 팔고, 손님은 그 물건을 삽니다. 그 단순한 행위 속에 무엇이 들어 있을까요? 그런 질문에 관심을 가지게 되었습니다.

우리는 평등한가

　물건과 돈 그리고 사람. 지금은 그 모든 게 왜곡된 시대일지 모릅니다. 그 왜곡을 거꾸로 생각하면 흥미로운 시대라고도 할 수 있습니다.

　물건은 제작과 유통, 폐기까지 트레이서빌리티 전체가 왜곡되어 있습니다. 고도 경제 성장기에 일본 기업은 빠른 속도로 해외에 공장을 지었습니다. 인건비를 낮게 유지하고 대량 생산을 할 수 있어서입니다.

　그렇게 해외에서 만든 물건이 국내에서 마지막 공정을 거치기만 하면 'Made in Japan'이라고 표기했습니다. 저렴하지만 국산이라는 표기 때문에 소비자는 기꺼이 그 물건을 장바구니에 넣었습니다.

하지만 이 방식은 소비자에게 오해를 일으킬 수 있고, 엄밀히 말하면 거짓이 섞여 있습니다. 그럼에도 국내 생산만 고집하는 기업은 많습니다. 하지만 대다수 기업이 전자를 선택합니다. 더 많은 돈을 벌고 싶어서입니다.

하지만 '돈을 더 벌고 싶다는 마음'을 여전히 이해하기 어렵습니다. 곤궁해 지금 당장 돈을 벌어야 하는 경우라면 이해할 수 있습니다. 단순히 여분으로 돈이 더 필요하다는 생각에 사로잡히면, 그 목적이 행동 원리가 되어 모든 판단 기준이 돈으로 환원되고 맙니다.

사람이 돈에 지배당하는 느낌이 들지 않나요? 이런 식의 돈을 쓰는 방식과 받는 방식은 결코 등가 교환이 아닙니다. 와자와자는 대등함을 소중하게 생각합니다. 사람과의 관계도 돈이나 물건과의 관계도 모두 공정하고 수평적이어야 합니다.

제법 큰 회사의 CEO와 대화할 기회를 얻었다고 가정해보겠습니다. 영광스러운 일이지만 그 자리에서 항상 보통을 의식합니다. 긴장하지도 않고, 겁먹지도 않습니다. 주눅 들지 않으며 거만해지지도 않습니다. 평범하게 늘 하던 대로 이야기하려고 합니다.

눈앞에 앉아 있는 사람을 '○○회사 CEO'로 보기보다 '한 개인'으로 보려고 합니다. 그래서 이 사람의 됨됨이에 호기심이 생기고, 부담 없이 이야기합니다. 아이에게도 마찬가지입니다. 아이니까 어른의 눈높이에서 말하고 싶지 않고, 얕잡아 보고 싶지 않습니다.

돈이나 물건도 마찬가지입니다. 상대방이 돈이 많다고 해서 힘이 강한 것도 아니고, 좋은 물건을 가지고 있다고 해서 대단한 사람인 것도 아닙니다. 물건과 돈 그리고 사람 사이는 항상 평등하다는 것이 매우 중요합니다.

돈은 교환할 때 씁니다. 물물교환도 할 수 있지만 사람에 따라 한 물건에 대한 가치 평가가 다르므로 실제 교환은 쉽지 않습니다.

그 점에서 실제 돈은 100엔이나 1만 엔처럼 가치를 시각화할 수 있습니다. 애초에 우리는 등가 교환을 하려고 돈이라는 도구를 발명했을 겁니다.

우리는 모든 물건에 가격을 매깁니다. 과연 물건의 가치를 정당하게 반영해 가격 책정을 하고 있을까요? 저임금 근로자가 만든 물건에 높은 가격을 붙일 수도 있습니다. 아니면 필요하지도 않은데, 전부 사들여서 원하는 사람에게 원가보다 비싸게 팔 수도 있습니다. 왜 이렇게 비쌀까요?

반대로 너무 싼 물건도 있습니다. 왜 이렇게 저렴한 가격에 물건을 살 수 있을까요? 판매하는 사람, 유통하는 사람, 생산하는 사람에게는 얼마나 많은 돈이 돌아가는 것일까요? 부당하게 싼 가격은 아닐까요?

그럼에도 그 가격에 통용되는 건 '숫자의 힘' 때문일까요? 한 번에 1만 개의 일이 들어오면 그 일을 받는 게 사람의 본능입니다.

그 일이 나중에 없어질 수 있다는 불안에 휩싸여 일을 계속 받습니다. 나중에 큰 문제가 될 수도 있다는 걸 알면서도 말입니다.

그만큼 숫자의 힘, 즉 돈의 힘은 강력합니다. 그 안에서 상하 관계가 형성됩니다. 이런 점을 '가격표'에서 상상할 수 있습니다. 그러면 이 물건을 이 가격에 사고 싶은지 구매하기 전에 다시 한번 생각해볼 수 있습니다.

우리의 소비는, 우리의 일하는 방식은, 우리의 수입은,

우리의 입장은, 우리의 관계는 공정한가요? 아니 평등한가요? 한번 눈을 감고 생각해보세요.

불편함을 느낀다면 회피하지 말아주세요. 그래서 이런 방법도 있고 이런 생각도 있다는 최소한의 예시로 와자와자의 변화 과정을 기록하려고 했습니다.

가장 올바른
돈의 모습

저명한 분자생물학자이자 베스트셀러 작가이기도 한 후쿠오카 신이치가 쓴 《동적 평형》을 읽어보면 '흐름 자체가 살아 있다는 것이다'라고 하는데 혈액이 흐르고, 장기가 움직이는 그 '움직임' 자체가 살아 있다고 쓰여 있습니다.

'인간은 생각하는 관'이라고도 했는데 사람은 입으로 무언가를 섭취한다고 생각하기 쉽지만, 사실은 단지 통과하고 있을 뿐이라고 합니다. 생물학적으로는 음식이 입을 통해 위에 이르고 장을 통해 밖으로 나가는데, 단지 통과하고 있을 뿐이고 받아들인 것이 아니라고 합니다.

'체내에 받아들인다'라는 건 음식이 분해되어 저분자화된 영양소가 혈액에 흡수될 때를 말하며, 체내에 들어온 아미노산은 새로운 단백질로 재합성되어 새로운 정보나 의미를 엮어냅니다. 후쿠오카 신이치는 이를 '생명 활동'이라고 부릅니다.

이것은 어떻게 보면 돈을 쓰는 방법과 비슷하지 않나요? 예전에는 돈을 '받을 때' 이득을 본다고 생각했습니다. 일을 하면 급여를 받고, 돈은 내 수중에 들어옵니다. 그 돈으로 원하는 물건을 살 수 있고, 가고 싶은 곳에 갈 수 있습니다. 그래서 돈 받는 것을 이득이라고 생각했습니다.

지금은 돈을 받은 후에 '통과시키는' 것이야말로 중요하다고 생각합니다. 자신을 거쳐 다른 사람에게 돈을 건네고, 누구에게 전할지 고민한 돈에는 중요한 의미가 있다고 생각합니다.

돈을 쓸 때 '물건을 손에 넣는 행위'에 그치지 않고, '물건을 손에 넣는 과정에서 거치는 사람'도 생각합니다. 내가 힘들게 번 돈을 다음에 누구에게 전할지 진지하게 고민하게 되었습니다.

돈은 천하를 돌아다닌다지만 쓴다고 없어지지 않습니다. 단지 돈을 보관하는 장소가 이동하는 것뿐입니다.

한 가게에서 필요한 물건을 사면 물건과 교환한 돈은 일시적으로 그 가게에 전달됩니다. 그 후 가게는 그 돈으로 다시 물건을 매입하고, 돈은 물건을 공급한 곳으로 이동합니다.

단순한 일이지만 소비 활동으로 그 후의 돈 사용법을 통제할 수 있습니다. '소비는 투자다' 또는 '소비는 투표다'라고 말하는 이유이기도 합니다. 기업 간의 거래는 한 번에 수백만 엔이나 수천만 엔처럼 큰 금액이 오갑니다. 거래가 길어지면 관성적으로 돈을 건네기 쉽지만, 그때마다 이 돈을 건넬 가치가 있는지 고민해야 합니다.

돈을 받는 입장에서도 '돈을 받을 가치가 있는' 기업으로 계속 있고 싶습니다. 어찌 보면 매출을 늘리는 것보다는 어떻게 잘 순환시킬 것인지가 중요합니다.

누군가에게 건넨 돈이 어떻게 쓰일지를 생각해야 앞으로 좀 더 풍요로운 사회가 되지 않을까요? 회사를 경영하면서 매년 매출 목표를 세우고 있지만 '성장'이 좋은 건지 늘 의문스럽습니다.

물건이 넘쳐나는 시대에 더 많은 물건을 파는 게 좋은 일인지와 일맥상통하는 의문입니다. 그래서 사업을 확장하고 크게 키우는 관점이 아니라 '돈을 더 자주 순환시킨다', '더 잘 순환시킨다'라는 관점에서 바라보려고 노력합니다. 물건을 더 많이 파는 데 주안점을 두는 게 아니라 더 깊은 풍요로움을 추구하고, 소통을 잘하고 싶습니다. 진심으로 그런 행동을 하고 싶습니다.

돈은 마치 혈액과 같다는 느낌이 듭니다. 돈은 '물건'과 '사람' 그리고 '자신' 사이를 순환합니다. 돈은 어느 한 곳에만 집중되어도 안 되고, 정체되어도 안 됩니다. 세 지점 사이를 돈이 원활하게 순환해야 좋은 상태입니다.

생각 없이 돈을 순환시키는 사람이 있고, 의미를 부여하면서 순환시키는 사람도 있습니다. 체내에 받아들이는 것도 사람마다 다릅니다. 하지만 순환시키는 것만으로는 충분하지 않습니다.

물건과 사람 그리고 자신에 진심으로 마주해야 합니다. 서투르더라도 눈앞에 있는 물건과 사람과 대화하고 소통해야 합니다. 그렇게 사용된 돈은 영양분을 운반하는 혈액처럼 분명 자신에게 중요한 걸 받아들이게 해줄 겁니다.

와자와자는 무엇보다 순환을 의식합니다. 우리 가게에서 물건을 사면 구매자도 건강해지고, 그 돈이 좋은 생산자에게 제대로 전달됩니다. 구매자가 전달한 돈은 사리사욕에 쓰이지 않습니다. 그 '순환'에 대한 신뢰가 '산 위의 빵집에 사람들이 모이는 이유'라고 생각합니다.

돈이야말로 우리를 평등하게 해주는 최고의 도구입니다. 공정한 상황을 만들려면 돈이 잘 순환해야 합니다. 지금은 어딘가 왜곡되어 있지만요.

처음에 問tou 매장에서는 물건에 가격을 매기지 않으려고 했습니다. 물건의 값은 사람이 매기니 그 사람을 손님으로 하고 싶었습니다.

이 물건을 손님인 당신은 얼마에 사고 싶은지 묻고 싶었습니다. '손님이 사고 싶은 가격'과 '우리가 팔고 싶은 가격'이 일치할 때만 거래가 성립하기를 바랐습니다. 그것이 가장 올바른 돈의 흐름이라고 생각했기 때문입니다.

그래서 問tou 매장에는 가격을 매기지 않은 상품도 있습니다. 이는 손님이 가격을 정하고 협상하는 상품이라는 의미입니다. 처음부터 모든 걸 안 것은 아닙니다. 뜻하지 않게도 우리 방침에 공감하는 손님이 늘면서 산 위에 빵집이 있을 수 있게 되었습니다.

우리가 어디에서, 무엇을, 누구에게 팔아서 돈을 순환시킬지 고민하는 것처럼 손님들도 어떤 가게에서, 무엇을 사고, 누구에게 돈을 건넬지 고민하겠지요.

2023년 1월, 시내에 편의점+본사직영 형태의 와자마트를 사전 오픈했습니다. 지금까지는 산 위에서 가게를 운영했지만 와자마트는 차량 통행이 많은 곳에 있습니다.

식품·주류·일용품 등 1,200종을 판매하며, 편의점 평균 상품 수인 3,000점을 목표로 늘리고 있습니다. 주차는 열여섯 대가 가능하며, 최신형 POS 시스템을 도입해 거의 무휴로 영업합니다. 앞으로 도시락류나 채소 등도 취급해 편의점처럼 '잠깐 들러서 좋은 물건을 살 수 있는' 가게가 목표입니다.

산 위에서는 손님의 요구에 부응하지 못하는 일이 잦습니다. 알기 어렵다는 둥 가기 힘들다는 둥 길을 잃었다는 손님들의 불만을 들으면서도 당일 업무에 대응하기 바빠 해결책을 찾지 못했습니다.

코로나 팬데믹을 겪으면서 내부를 개선하고 인력 수급

이 안정되면서 이제야 요구에 부응할 가게가 된 것 같습니다. 이것은 창업한 초기에 아르바이트생에게 꿈으로 이야기했던 가게 형태입니다. 그 아르바이트생이 사전 오픈하고 이틀째 되는 날, 와자마트에 방문했습니다.

"오랜만이야! 몇 년 만이지, 우리?"

"드디어 해냈구나! 그때 얘기했던 것."

"뭐가?"

"가게를 만든다고 예전부터 말했잖아!"

"그랬나? 기억이 안 나네."

2009년에 이 나가노 땅에 뭐든지 살 수 있는 상점을 만들겠다는 포부를 얘기했다고 합니다. 나가노에는 우리가 좋아하는 물건을 살 수 있는 가게가 거의 없어서입니다. 시간이 흘러 이런 형태가 되었다며 둘이 옛이야기를 기쁘게 나눴습니다.

앞으로 와자마트를 전국으로 확대할 예정입니다. 약간의 고집이 들어간 상품을 쉽게 살 수 있는 가게, 누구나 방문할 수 있는 편의점 형태로 가능한 많은 손님이 부담 없이 안심하고 쇼핑하는 가게가 목표입니다. 그런 가게는 도시에는 있지만, 시골에는 찾아보기 힘듭니다.

우리 동네에도 있었으면 좋겠다는 바람을 앞으로 10년 동안 실현하고 싶습니다. 와자와자에 돈을 맡기면 안심할 수 있다는 신뢰가 쌓이도록 하고 싶습니다. 이런 가게나 기업이 하나라도 더 늘어나고, 돈을 사용하는 방식을 한 사람 한 사람이 신중하게 선택하기 시작하면 우리 사회에 평등한 관계가 조금 더 늘어날지 모릅니다.

와자와자와 問tou 매장은 산 위에서 특별한 놀라움과 신선함을, 와자마트는 도로변에서 편리하고 쉽게 접근할 수 있는 일상적인 친숙함을 제공합니다.

닫힌 가게와 열린 가게, 이 두 가지를 축으로 삼아 모두의 '좋은 생활'을 지원하는 장소를 만들고 싶습니다.

모든 것은 건강한
사회인지에 달렸다

 이제 와자와자가 나아가려는 방향을 말하고자 합니다. 우리는 지금 물건이 차고 넘치는 사회에 살고 있습니다. 온라인 스토어는 편리하면서도 꼭 필요한 것이 되었고, 코로나 팬데믹을 겪으며 그 혜택을 톡톡히 누렸습니다.

 하지만 그 경험이 꼭 멋진 일이라고만은 할 수 없습니다. 편리하고 고마운 일이지만, 만족감이나 행복감은 크지 않았습니다.

 테이크아웃 식사도 마찬가지입니다. 레스토랑에서 상대방과 마주 보고 이야기할 수 없는 상황에 어지러움을 느낄 정도였습니다.

그 장소에 가서 물건을 내 손에 얻기까지의 과정이야말로 가치가 있었던 것일지 모릅니다.

그곳에서 산 물건에 그 장소의 공기나 냄새까지 들어 있어서 그런 걸까요? 즐거운 추억이 그 맛을 몇 배 더 맛있게 느끼게 해주었습니다.

기대에 못 미쳤던 것도 코로나 팬데믹을 거치면서 지금은 그리운 기억이 되었습니다. 과정이 사라진 쇼핑은 '물건의 이동'에 불과하다는 걸 알았습니다.

와자와자는 오픈 초기부터 체험 가치가 높은 가게를 만들려고 노력했습니다. 교통은 불편하지만, 경치는 뛰어납니다. 가게 내부의 상품 진열도 공들여 꾸미고, 곳곳에 손님을 즐겁게 할 수 있는 배려를 담았습니다. 그런 가게라서 많은 손님이 찾아온다고 생각합니다.

하지만 이제 끝났습니다. 모두가 앞으로 체험 가치를 높이는 매장을 운영하려고 할 것이기 때문입니다. 사회적으로 영향력을 끼치는 일이 일어나면 사람들은 비슷한 생각을 하고, 비슷한 것에 관심을 가지게 마련입니다.

역 앞 상점가가 번성했던 시대에도, 교외의 대형 슈퍼

마켓으로 사람들이 이동하던 시대에도, 획일화된 쇼핑 구조가 싫은 저 같은 사람은 독립상점을 찾아다녔습니다.

인터넷에서도 같은 일이 일어나고 있습니다. 라쿠텐이나 야후, 아마존 같은 대형 쇼핑몰에 싫증이 난 사람들은 유니크한 매장으로 이동하고 있습니다.

쇼핑에 스토리가 필요하다거나 체험이 중요하다고 다수가 말하기 시작하면 그 생각의 유통기한이 다가오고 있다는 증거입니다.

애초에 스토리가 없는 상품은 이 세상에 존재하지 않으며, 큰 자본이 체험 가치를 높이는 장소를 만들기 시작하면 우리 같은 작은 매장은 퇴출될 수밖에 없습니다.

이제부터는 더 깊이 생각해야 합니다. 물건이 넘쳐나는 세상에서 모두가 물건을 사는 것에 지쳐가고 있다는 생각마저 듭니다.

그렇다면 와자와자는 앞으로 어떻게 해야 할까요? 앞으로의 쇼핑은 어떻게 될까요?

솔직히 새로운 아이디어가 있는 건 아닙니다. 무엇보다 어디서 구매하느냐가 더욱 중요해지는 시대가 올 겁니다. 이는 기업이 우리는 어떤 회사인가라는 질문을 지금보다 더 깊이 고민해야 한다는 의미입니다.

지속 가능성이나 지속가능 발전목표SDGs는 당연한 일이 되었고, 트레이서빌리티나 환경 문제를 고려하는 것도 사회 표준이 되어가고 있습니다.

같은 상품을 파는 기업이 두 곳 있다면 그 기업이 얼마나 환경 보호 활동을 하는지, 사회에 기여하는지, 윤리적으로 행동하는지 등이 평가의 기준이 되는 시대입니다.

미국에서는 이미 기업 인증을 시작했습니다. 미국의 비영리 단체 비랩이 개발한 비콥B-Corp은 이익 추구와 사회적 가치 창출을 동시에 목표로 하는 기업을 가리킵니다. 이 인증은 기업 구성원, 지역 사회, 환경, 고객, 주주 등 이해관계자의 혜택을 다각도로 평가합니다.

아웃도어 브랜드 파타고니아를 비롯해 스킨케어 브랜드 이솝 등 전 세계에서 5,000개가 넘는 기업이 인증받았습니다. 와자와자도 비콥 인증을 목표로 심사를 기다리고 있습니다.

일본은 2050년까지 탄소 제로 실현을 목표로 합니다. 이는 지켜야 할 정량적 수치이기도 하지만, 앞으로 닥칠 상황에 따라 기업의 이산화탄소 배출량이나 활동을 공개해야 할 수도 있고, 결과에 따라 사회적 제재를 받을 수도 있다는 말입니다. 이런 트레이서빌리티나 환경 문제는 하나의 예에 불과합니다.

시대가 변하면 사고방식도 법도 변합니다. 예전에는 아무도 신경 쓰지 않았는데 언젠가는 모두가 신경 쓰는 날이 올 수도 있고, 그것이 법이 될 수도 있습니다. 회사가 사회에 어떻게 좋은 영향을 미칠 수 있을지 고민해야 할 때입니다.

법인화한 직후에는 어떤 결정을 내릴 때 우리에게 도움이 되는지로 판단했습니다. 혼자서 시작한 사업이었고, '나'와 '손님' 또는 '나'와 '직원' 정도의 관계밖에 인식하지 않았습니다. 조직이 조금씩 커지고 안정되면서 '회사'와 '사회'라는 관계로 시각이 옮겨갔습니다.

눈앞에 있는 손님에게 가능한 좋은 선택지를 강요하지 않는 방식으로 제공하는 가게가 되자라는 생각으로 시작한 '와자와자'.

그 비전의 본질은 지금도 변하지 않았습니다. 단지 조직이 커지면서 모든 사람이 건강하게 살 수 있는 사회를 위해 기여하고 싶다라는 더 큰 비전을 세웠습니다.

빵이나 일용품을 파는 것만이 아니라 그 너머에 '건강한 사회'가 있다는 것. 지금 와자와자가 하는 행동이 사회에 도움이 되는지, 사회와 어떻게 연결해야 할지 고민하고 있습니다. 이런 관점을 바탕으로 우리의 방향을 고민하고 싶습니다. 그 방향이 분명히 손님이 우리를 선택하는 이유가 될 테니까요.

앞으로 와자와자가 제공하는 것은

회사를 크게 키우고 싶다는 생각은 지금이든 예전이든 없었습니다. 하고 싶은 서비스를 혼자 할 수 없어서 누군가의 도움을 받고 있을 뿐입니다. 그러다 보니 많은 사람이 찾아주어 회사는 나날이 성장하고 있습니다.

서비스를 시작하고 피드백을 받은 다음 개선하면 기뻐하는 손님이 다시금 늘어납니다. 매출을 늘리고 싶다는 생각은 없습니다. 다시 빵을 만들 만큼 매출이 적절히 발생하고 적절한 인원이 있으면 그것으로 충분합니다.

물건을 팔아 생계를 유지하고 있지만 이제는 물건을

팔지 않아도 괜찮을 것 같습니다. 이렇게 물건이 풍족한 시대에 정말로 물건이 더 필요할까요? 물건을 사라고 말하는 게 올바른 걸까요?

이런 문제의식을 가지고 있더라도 현실적으로 와자와자 매출은 소매 위주이므로 무언가를 팔지 않으면 생계를 유지할 수 없습니다.

그렇지만 저부터도 물건이 필요 없다면서 물건을 사라고 권하는 행동에 대해 저항감이 조금 큽니다. 그래서 '물건이 아닌 것'을 팔 수 없을지 궁리했습니다.

우리는 지금 새로운 서비스를 구상하고 있습니다. 현재 와자와자 손님은 물건을 구매하는 경험만 할 수 있지만, 앞으로는 물건을 구매하기 전과 후를 연결하고 싶습니다. 구매하기 전에 먹어본다거나 입어볼 수 있다면 어떨까요? 구매한 후 10년이 지난 물건을 수리 또는 유지 보수할 방법을 배울 수 있다면 어떨까요?

하나의 물건을 오래 쓰기 위한 서비스의 일환입니다. 이를테면 한 번 구매한 신발을 오랫동안 신을 수 있고, 바랜 셔츠를 염색해 다시 즐길 수 있는 방법을 구상하고 있다는 말입니다.

돈은 계속 사고 계속 버리면서 물건을 순환시키면 가장 빠르게 돌릴 수 있습니다. 하지만 저는 가치 있는 물건을 오래 쓰고 싶고, 그런 물건을 만날 수 있는 가게에서 쇼핑하고 싶습니다. 와자와자도 그런 가게가 되고 싶습니다.

우리는 그런 쇼룸을 '좋은생활연구소'라고 이름지었습니다. 2023년 물류 창고 터에 오픈한 와자마트 옆에 좋은생활연구소를 짓고 있습니다. '구매'라는 선택을 하지 않아도 되는 장소입니다. 입장료를 받고 '조금 생활해보는' 공간을 제공합니다.

좋은생활연구소는 집의 형태로 짓습니다. 현관부터 주방, 거실, 식당, 서재, 세탁실 등이 있는데 이 생활 공간에서 각자의 생활을 그려볼 수 있습니다.

한 사람이 빨래와 업무를 하러 좋은생활연구소에 온다고 칩시다. 연구소에 입장해 세탁실에 설치한 코인 세탁기에 빨래를 돌립니다. 그런 다음 주방에서 물을 끓여 차를 우려내고, 서재로 자리를 옮겨 일을 합니다. 업무를 어느 정도 마무리하면 빨래도 다 되고, 집으로 돌아갑니다.

친구와 뜨개질하고 싶은 사람이 좋은생활연구소 다이닝룸에서 만나 차를 마시며 손뜨개를 하는 것도 가능합니다. 아니면 와자와자에서 판매하는 드라이어를 써보고 매장에서 바로 구매할 수도 있습니다. 때로는 더러워진 가죽 신발을 닦아보려고 좋은생활연구소에 들를 수도 있습니다. 이 집을 사용하는 방법은 방문하는 사람의 자유입니다.

각자 좋은 생활을 찾으려고 좋은생활연구소에 발을 내디딥니다. 좋은 생활이라고 내세우고 있지만, 좋은 생활이 정확히 무엇인지 밝히지는 않았습니다. 좋음은 사람마다 다르기 때문입니다.

채식주의자와 비채식주의자의 좋음은 다릅니다. 둘 다 나름의 옳음이 있습니다. 그러나 좋은 생활이라는 조건에서 하나만은 공통됩니다. 되도록 건강을 유지하는 게 아닐까요? 몸의 소화 기능이 정상 작동하므로 밥을 맛있게 먹을 수 있고, 다리와 허리가 튼튼하므로 매주 좋아하는 등산을 할 수 있습니다. 연인이나 가족, 친구와 보내는 소중한 하루도 건강하므로 가능합니다.

건강이란 것도 사람마다 다릅니다. 체력이 강한 사람이라면 많이 먹고 많이 움직이는 게 건강의 조건이지만 체력이 약한 사람이 그렇게 하면 쓰러지고 맙니다. 또 자녀에게 과자를 먹이지 않으려는 엄마에게는 과자를 금지하는 게 건강이지만, 친구들과 즐겁게 과자를 먹지 못하는 게 과연 아이에게도 건강일까요?

좋음과 마찬가지로 건강에 대한 관점도 사람마다 다릅니다. 각자의 좋음과 건강이 존재합니다. 무엇이 자신에게 맞는지 그 기준은 각자가 정합니다.

그래서 저는 각자의 가치관에 맞게, 각자의 건강을 목표로 하자고 말하고 싶습니다. 그런 건강을 유지할 수 있는 환경을 만들고, 건강에 도움이 되는 식품을 단순한 소매업자가 아닌 '전달자'로서 전하고 싶습니다.

그리고 건강한 노동 환경에서 만들어졌는지, 지속 가능성이 있는지, 환경에 부담을 주지 않는지 등의 트레이서빌리티를 조사해 손님에게 제공하고 싶습니다. 그렇게 해야 손님의 좋은 생활을 지원할 수 있습니다. 앞으로 와자와자는 물건 대신 '안심'을 제공하고자 합니다.

빵을 2종으로 줄였을 때도 줄인 이유를 이해해준 손님들이 꾸준히 찾아주었습니다.

그때와 마찬가지로 손님과 사회를 위해 좋은 일을 하고 싶다는 생각을 표현한다면 분명 누군가가 알아주고 계속 사랑해줄 거라고 믿습니다.

하지만 묵묵히 계속하기만 하며 기다리는 것만으로는 충분하지 않습니다. 사회의 방향을 아주 조금이라도 바꾸고 싶다면 영향력도 조금 있어야 합니다. 더 많은 사람 앞에 나서고, 홍보를 제대로 하고, 알아주도록 노력해야 합니다. 마케팅도 적극적으로 해야 합니다.

지금까지는 수동적으로 발견되기를 기대했지만, 그 단계도 끝내려고 합니다.

좋은생활연구소는 당장 돈이 되지 않을 수 있습니다. 그래도 왜 운영하느냐고 묻는다면 비전을 실현하기 위해 나아가는 하나의 형태를 보여주고 싶어서라고 답하고 싶습니다.

우리의 행동이 더 일관성을 가지고, 손님들의 신뢰를 얻을 수 있으려면 좋은생활연구소가 필요합니다.

사회에 기여하기 위해 매출을 추구하지 않는 선택지도 가능합니다. 그런 선택이 돌고 돌아 언젠가는 매출이 되고, 지속적으로 선택받는 이유가 될 수도 있습니다. 그런 사회가 되었으면 좋겠고, 그런 사회에서 살고 싶습니다. 이를 위해 스스로 먼저 움직이려고 합니다.

좋은 것의 기준은
각자 다르다

2017년 이후 저를 둘러싼 상황이 변했습니다. 틀어박혀 일하던 빵집 주방에서 벗어나 먼 강연회장으로 가는 일이 잦았고, 일의 종류와 질도 바뀌었습니다.

2018년 '산 위의 빵집에 사람들이 모이는 이유'라는 블로그 글이 이 책의 모티브가 되었는데, 반응은 아주 뜨거웠습니다. 그 결과 '나'를 건강하게 유지하는 일이 어려워졌습니다.

슈퍼마켓에서 장을 보고 있으면 저를 알아보고 말을 거는 사람들이 생겼습니다. 출장 중에 X에 위치를 올리면

팬이라는 사람이 찾아오기도 했죠. 저 자신은 변한 게 없다고 생각했는데 점점 공인이라는 인식을 할 수밖에 없었습니다. 그래서 항상 와자와자답게 행동해야 한다고 생각하게 되었습니다.

와자와자라면 항상 착용감이 좋은 옷에 등은 곧게 펴고 다니고, 미용실에서 정기적으로 머리를 손질해야 한다고, 그렇게 해야 와자와자답다고 생각했습니다. 그러다 보니 나를 잃어가는 느낌이 들었습니다. 이것이 나다운 건지, 와자와자다운 건지 헷갈렸습니다.

항상 어딘가에서 꾸미고 있는 느낌이 들었고, 본모습에서 멀어지는 기분이었습니다. 그러다가 어딘가에서 툭하고 끊어지는 소리를 들었습니다.

정신을 차리고 보니 쉬는 날에 부동산을 돌아다니고 있었습니다. 혼자 있을 장소와 시간이 필요했습니다. 그렇지 않으면 나로 있을 수 없을 것 같아 일에 몰두하면서도 늘 그런 생각을 하고 있었습니다.

히라노 케이치로의 《나란 무엇인가》에서 언급한 분인주의는 내면에 인격이 여러 개 있는데 좋아하는 자신을 드러내게 해주는 사람과는 사귀고, 그렇지 않은 사람과는 사귀지 않아도 된다는 사고방식이 참 좋았습니다.

저도 제 분인을 소중히 하고 싶었습니다. 나누고 싶었고요. 나누면 편해질 거라고 막연하게 생각했습니다. 회사와 개인을 구분하려면 먼저 집이라는 환경을 바꿔야 한다는 데 생각이 미쳤습니다.

집 옆에 매장이 있어 집 주변에는 항상 사람들이 드나들었고, 제대로 잠을 잘 수 없었습니다. 그래서 2019년에 집을 떠나기로 했습니다. 이 결심 덕분에 수면 시간도 늘고, 심신이 건강해졌습니다.

현재는 혼자 살고 있으며, 주말마다 아이들이 이곳에 놀러 옵니다. 처음에는 막내딸이 엄마가 왜 집에 없는지 자주 묻곤 했습니다. 이제는 집이 두 채라서 좋다며 그게 딸아이의 '보통'이 된 것 같습니다.

주말은 엄마의 날입니다. 모든 일을 내려놓고 아이들과 시간을 보냅니다. 매주 주말을 기다린 나머지 일도 열심히 할 수 있습니다. 이 모습이 좋은 엄마라는 일반적인 정의에서 벗어난 걸까요? 하지만 일과 생활을 인격과 거주지로 나눈 덕분에 마음이 평온해졌고, 아이들에게도 좋은 엄마가 되었습니다.

아이들과 있을 때는 엄마라는 인격만으로 아이들을 대합니다. 아이들을 양육한다기보다 사람으로서 대화합니다. 키운다는 의식은 딱히 없습니다. 서로 도우며 살아가는 느낌입니다.

"오늘은 뭘 할까? 조금 피곤해서 그러는데 온천에 가는 건 어떨까?"

"좋아요."

"집이 조금 어지러운데 같이 청소할까?"

"예! 같이 해요!"

"오늘은 힘이 넘치니까 뭐든지 같이 할 수 있어."

"그러면 우리 피크닉 가요!"

아이들과 눈을 마주 보며 이야기하고 의견을 맞춰가며 같이할 수 있는 즐거운 일을 찾습니다. 덕분에 웃는 일이 많아졌습니다.

분가는 우리 가족에게 좋은 선택이었습니다. 세상의 좋은 어머니와는 다를 수 있지만 그래도 괜찮습니다. 이것이 우리 가족의 좋은 형태니까요.

CI를 만들었던 2021년에 회사의 인격을 정의했고, 개인의 인격과 회사의 인격을 구분하는 데 성공했습니다. 지금은 다시 저와 와자와자의 인격이 닮아가는 듯한 기분입니다. 지금의 저는 와자와자다운 행동을 하는 자신을 좋아하고, 억지로 하고 있지 않습니다. 그런 자신이 진정한 '나'이기를 바랍니다.

와자와자의 신조는 '좋은 생활인이 되자'입니다. 이 말은 와자와자가 생각하는 좋은 생활을 모두가 하길 바란다는 뜻이 아닙니다. 여러분 각자가 생각하는 '좋은 생활'을 만들 수 있도록 와자와자가 돕고 응원하고 싶다는 말입니다. 이 신조는 경험에서 우러나온 말입니다. 제가 좋은 생활을 결정하고 걸어가겠다는 다짐의 표현이기도 합니다.

에필로그

그저 즐겨주길 바라는 빵집

"히라타가 글을 쓰지 않는 것도 가능한가요?"

"네? 그렇게 해도 되나요?"

편집팀에서 제안했을 때 기쁘게 대답했습니다.

창업한 이후 매일 글을 쓰며, 인터넷에서 '나는 여기 있다'라고 외쳐왔습니다. 그러다 보니 말하기보다 글쓰기가 마음을 더 편하게 전달할 수 있었습니다. 말은 글보다 모호하고, 받아들이는 방식도 다양해서입니다. 진심을 전달하는 데는 글이 가장 적합하다고 믿습니다.

하지만 어느 순간 생각이 변했습니다. 말하든 쓰든 사

람들은 받아들이고 싶은 대로 받아들입니다. 듣고 싶은 대로 듣고, 읽고 싶은 대로 읽습니다. 그렇다면 제 말을 그대로 받아들이고 글로 옮겨줄 사람에게 맡겨야겠다고 생각했습니다. 스스로 단어를 고르며 글 쓰는 데 시간을 쏟는 것보다 그 편이 더 낫다고 판단한 겁니다. 그래서 직접 글을 쓰는 선택을 내려놓았습니다.

이 책은 2021년 11월 사이보주북스Cybozu Books가 한 제안에서 시작됐습니다. 여러 차례 인터뷰를 진행하고 녹음한 내용을 도몬 란Domon Lan 작가가 정리했습니다. 그 초고를 바탕으로 편집팀이 수정하고 마무리하는 과정을 거쳤습니다. 미팅과 현지 취재를 반복하며 만난 횟수를 세어보니 스물네 번이나 되었습니다. 최종본에 제가 가필을 많이 했지만, 이 책은 혼자 쓴 책이 아니라 팀과 함께 만든 책이라는 점을 밝히고 싶습니다.

제 이야기를 듣고 완성한 초고에는 생각지도 못했던 시각이 담겨 있기도 했습니다. 그다지 중요하지 않다고 생각했던 에피소드가 중심 뼈대가 되기도 하고, 재미있다고 생각했던 부분이 삭제되기도 했습니다. 편집팀 팀원들이 독자에게 전달할 주제를 다양한 시각으로 편집한 덕분에 저조차 예상하지 못한 책을 완성할 수 있었습니다.

관심사가 방대하고, 하는 일과 생각이 끝이 없어 주제가 여러 갈래로 나뉘다 보니 편집 방향을 여러 번 수정했습니다. 수정에 수정을 한 끝에 '마주하기', '보통을 당연하게 생각하지 않기', '스스로 생각하기'라는 세 가지 주제를 가려 뽑을 수 있었습니다.

빵을 2종으로 줄인 이후로 정성을 다해 만든 캄파뉴와 식빵을 그냥 먹는 사람은 거의 없습니다. 캄파뉴와 식빵에 잼 또는 버터를 발라서 먹는 모습을 종종 보았거든요. 작업자 입장에서 빵 고유의 풍미를 즐기길 바라지만 제 손을 떠난 후에는 어떻게 요리하든 상관없습니다. 그저 즐겨주길 바라는 마음뿐입니다.

이 책을 완성한 지금, 제 마음속에 떠오르는 건 그와

같은 기분입니다. 과연 제 인생의 한 부분이라 부를 수 있는 이 책을 읽어준 독자 여러분께 무엇을 전했을까요? 책에 적힌 대로 실패의 연속이었고, 지금도 여전히 그 과정에 있으며, 매일 실패와 수정을 반복하며 더 나아지려고 애쓰고 있습니다. 이 책을 읽고 조금이라도 긍정적인 마음이 생긴다면 기쁘겠습니다.

    책을 출판하는 데 많은 분이 도움을 주었습니다. 출판팀, 와자와자에서 일하는 모든 분, 그동안 도움을 준 거래처, 와자와자를 기꺼이 받아들여준 지역 주민들, 와자와자를 항상 이용하는 손님들, 그리고 우리 가족에게 감사의 마음을 전하며 마무리하고자 합니다. 항상 고맙습니다.

내가 산꼭대기에 빵집을 차린 이유

지은이 | 히라타 하루카
옮긴이 | 김중현

1판 1쇄 발행 | 2025년 3월 31일

펴낸곳 | (주)지식노마드
펴낸이 | 노창현
표지 디자인 | 블루노머스 디자인
등록번호 | 제313-2007-000148호
등록일자 | 2007. 7. 10
(04032) 서울특별시 마포구 양화로 133, 1201호(서교동, 서교타워)
전화 | 02) 323-1410
팩스 | 02) 6499-1411
홈페이지 | knomad.co.kr
이메일 | knomad@knomad.co.kr

값 16,800원
ISBN 979-11-92248-28-8   13190
copyright © 히라타 하루카

- 이 책은 저작권법에 따라 보호받는 저작물이므로 무단전재와 무단복사를 금지하며 이 책 내용의 전부 또는 일부를 이용하려면 반드시 저작권자와 (주)지식노마드의 서면 동의를 받아야 합니다.

- 잘못 만들어진 책은 구입하신 서점에서 교환해 드립니다.